Wilhelm Marr

Der Judenspiegel

Wilhelm Marr

Der Judenspiegel

ISBN/EAN: 9783743354968

Hergestellt in Europa, USA, Kanada, Australien, Japan

Cover: Foto ©ninafisch / pixelio.de

Manufactured and distributed by brebook publishing software (www.brebook.com)

Wilhelm Marr

Der Judenspiegel

Der
Judenspiegel.

Von

W. Marr.

Das tausendjährige Familienübel,
Die aus dem Nilthal mitgeschleppte Plage,
Der altegyptisch ungesunde Glauben.
Unheilbar tiefes Leid!

Wird einst die Zeit, die ew'ge Göttin, tilgen
Das dunkle Weh, das sich vererbt vom Vater
Herunter auf den Sohn, — wird einst der Enkel
Genesen und vernünftig sein und glücklich?
Ich weiß es nicht!
Heinrich Heine.

Fünfte mit einem andern Vorwort versehene Auflage.

Hamburg.
Im Selbstverlage des Verfassers.
1862.

Einleitung zur fünften Auflage.

Die gassenbubenhafte Art und Weise, wie die tonangebende Mehrzahl der Hamburger Juden nicht gegen meine Schrift, sondern gegen meine Person aufgetreten ist, zwingt mich, die motivirende Einleitung und den versöhnenden Schluß, welche zu dem Judenspiegel den Rahmen bildeten, in dieser fünften Auflage wegzulassen, und die dadurch entstandene Lücke durch eine Antikritik zweier sachlichen Beurtheilungen meiner Arbeit auszufüllen. Ich habe mich auf den »Fanatismus« gefaßt gemacht, und statt dessen einen Haufen Straßenjungen gefunden, welche, auf nichtjüdische Toleranz und Langmuth und auf die Scandalsucht des großen Haufens pochend, ein Geschrei erhoben, als wären sie die Herren im Staate und der Staat bereits eine einzige große »Judenschule.«

Mich persönlich amüsirt ein solches Treiben eher, als daß es mich verletzt, denn man kann jenem »mauschelnden« Wuthgeheul seine specifisch komische Seite nicht abstreiten und ich bekenne gern, daß ich in meinem »Judenspiegel« noch mit viel zu schwachen Farben gemalt habe.

Ich hoffe wenigstens, man wird zu der Einsicht gekommen sein, daß Verdächtigungen, Rohheiten, Fanatismus von mir abprallen, und daß man in mir eine Ueberzeugung respectiren wird, welche durch Nichts erschüttert werden kann, als durch Gegengründe, und die sich wahrlich nicht zum Widerruf einschüchtern, am allerwenigsten durch rohes Geschrei des jüdischen Pöbels imponiren läßt.

Meine Freunde unter den Juden haben mich längst verstanden und sich nicht getroffen gefühlt durch meine Schrift. Die

Getroffenen dagegen haben geschrien, und sie müssen gut getroffen sein, denn sie haben vorzüglich geschrien!

Es sind in Hamburg bis jetzt zwei sachliche Kritiken gegen diese Schrift erschienen, im „Freischütz" und in der „Reform."

Dem ersten Kritiker B. sieht man es an, wie schwer ihm die Arbeit geworden, meine Schrift, welche ad regas vom Standpunkt der Tradition und der Geschichte an allen wesentlichen Hauptmomenten des Judenthums darthat: 1) daß die Juden kein racenreines Urvolk sind, 2) daß sie nie eine wirklich consolidirte Nation waren, 3) daß sie in der falschen Idee leben, Beides zu sein, zu widerlegen. Denn diese drei Punkte bilden die Prämisse meiner Schrift und aus dieser Prämisse kann nichts anderes folgen, als daß das Judenthum, so lange es auf diesen drei Grundpfeilern sich stützt, und ein fremdes Element im Staate ist und bleiben muß. — B. fühlt dies selbst, denn, innerlich von der Unmöglichkeit überzeugt, mich zu widerlegen, zerrt er den bekannten, in lebhafter Erregtheit niedergeschriebenen „Bremer Brief" in die Kritik mit hinein und benutzt dessen formelle Derbheiten als einen Deus ex machina da, wo ihm das kritische Licht bei dem „Judenspiegel" auszugehen droht. Den Standpunkt der „modernen Naturwissenschaft" erkennt er bei mir nur bedingungsweise an, wenn ich nämlich „die lange Etappenstraße der Forschungen einhalte," d. h. wenn ich Physiologie und Chemie aus voluminösen Werken wiederkäue, statt, wie es in einer Broschüre materiell nicht anders möglich, die Resultate jener Wissenschaften anführe. Das heißt sich selber den Magen warm halten mit blendenden Behauptungen.

Der ehrlichste Mann muß bei solcher Anlage der Kritik unehrlich werden, und bona fide verdächtigt mich B. des Wunderglaubens, daß „die Taufe den Juden zu einem andern Menschen mache." Ich habe aber gesagt, wenn der Jude mit einem christlichen Staat ein „Geschäft" machen will, so muß er die vorgeschriebene Zahlung leisten und kann es, wenn er Indifferentist in religiösen Dingen ist. Durch die Taufe wird er nicht anders, wohl aber durch die nothwendigen Folgen der Taufe, welche darin bestehen, daß ihn das Judenthum von sich stößt, daß er gezwungen wird, sich dem nichtjüdischen Element zu affimiliren.

Mit diesem „christlichen" Staate will ich aber, wo möglich, noch weniger zu schaffen haben als der orthodoxeste Jude, und es ist wahrlich kein Compliment, welches ich dem christlichen Staat mache, kein Respect, den ich vor der Taufe bezeuge, wenn ich ihre theologischen Wunderkräfte an dem Indifferentismus zerschellen lasse. Das kritische Verfahren B's. ist mithin unredlich, und berechnet, die Fanatiker der Gewissensfreiheit, das neueste Pfaffenthum, uns auf den Hals zu schicken.

Ehrlicher und würdiger ist die folgende Behauptung B's., daß der freie Staat nicht warten solle „bis es den Juden gefällt," mit ihrem Gemeindeverband nicht mehr in den Staatsmechanismus hinüber zu greifen, daß ich mich mithin an die „falsche Instanz" gewendet hätte, indem ich von den Juden die „Liquidirung des Tempels" verlangte. Weil dies bei dem unfreien Stand der heutigen Staaten aber unmöglich ist, so bleibe doch nur die Taufe übrig und nur „der getaufte Jude findet Gnade vor den Augen des Herrn Marr." Schade! der Anfang war so ehrlich und der Schluß so echt theologisch spitzfindig!

Ist denn B. so aller Logik baar, um den von selbst in die Augen springenden Schluß zu übersehen, welcher wieder nicht anders lauten kann als: wenn unsere heutigen Staaten noch nicht frei sind, so können sie nicht den Juden staatsbürgerlich gleichstellen; da aber unser Staat die Taufe gar nicht mehr befiehlt, so brauchen sich die Juden auch nicht taufen zu lassen, und endlich, weil unser Staat im Uebrigen ist, wie er ist, so müssen die Juden das thun, was ihnen dieser Staat möglich macht, d. h. aus einem Verbande treten, den das politische Sein unseres

Staates negirt, wogegen sie kein Mensch zwingt, in einen neuen religiösen Verband einzutreten.

Daß ich, in „meiner Weise" auf denselben Gegenstand „zurückkommend," diesen rekapitulirend — nicht „modificirend," wie B. sagt — scharf und klar behauptet und bewiesen habe, daß das jüdische Gemeindewesen, diese „Nationalität" in der Nationalität, dieser Staat im Staat, diese Gesellschaft in der Gesellschaft, wie in einer chinesischen Mauer conservirt, daß dies der Grundgedanke meiner Schrift ist, auf den ich bei jeder dritten Seite zurückkomme, das ignorirt B. vollständig. Er muß eben widerlegen, als ob er dazu kommandirt wäre. Und ich soll „nicht wissen was ich will!"

Ich wende mich nicht einmal an die „falsche Instanz." Im Staate lebt eine Anzahl Menschen, welche sich für eine besondere „Nation" ausgiebt, deren Satzungen mit der bürgerlichen Ordnung collidiren, deren Dogmen politisch exclusiver Natur sind Diese Menschen befinden sich in einer großen Minorität und wurden bis vor wenigen Jahren vom Staate nur geduldet. So lange der Staat auf dem Boden der Duldung stand, gingen ihm die Interieurs des Judenthums nichts an. Nach Herrn B. hat sich nun der Staat von diesem Boden selbst noch nicht emancipirt. Wenn dem so wäre, so gingen ihm auch die Juden noch nichts an. Aber diese prätendiren die Gleichberechtigung. Mit wem? Mit den übrigen Staatsbürgern? Dann haben sie dieselben Pflichten zu erfüllen, sie können nicht verlangen, gleichgestellt und nebenbei; noch Etwas Besonderes für sich in Anspruch nehmen zu wollen. Aber der „freie Staat?"

Aber Herr B. meint, der „freie Staat" „wartet nicht, bis es den Juden gefällt zu liquidiren." Ei, ei! B. vergißt, daß die jüdische Religion und die jüdische Politik identisch sind, er giebt sogar selbst die religiös-politische Bedeutung des Judenthums zu und in ihm ist in der That der Tempel die Are alles weltlichen Lebens. Nun soll der „freie Staat" anfangen zu octropiren?! O des Widerspruchs! Wo bleibt da die „Gewissensfreiheit"? — Nein, mein werther Herr, in das Gewissen darf bei der Liquidation nicht gewaltsam von außen eingestürmt werden, die **Tempelliquidation**, die Aufhebung des **jüdischen Gemeindeverbandes** kann nur eine **Selbstthätigkeit des Judenthums** sein und der Staat hat sich lediglich vor etwaigem Schaden zu wahren, der ihm aus dem Judenthum erwachsen könnte.

Der Staat läßt die Juden ruhig an sich herankommen. Er fragt: **was wollt Ihr?** — **Gleichgestellt sein.** — Gut, hier sind die **Bedingungen.** Erfüllt sie oder erfüllt sie nicht, ganz nach Eurem Belieben, Euer Gewissen soll von mir nicht angetastet werden; ich kann "warten," bis es Euch "gefällt," die Bedingungen zu erfüllen. So liegt die Frage und kein Paar anders!

Ich concentrirte die religiös-politische Bedeutung des Judenthums in der Symbolik der **Purimsfeier.** — Sehen wir mit welcher petitio principii sich Herr B. hier hilft. Der **Erzbischof von Toulouse** und seine Einladung die Bartholomäusnacht zu feiern, ein hirnverbrannter christlicher Pfaffe, welcher einen **lokalen** dummen Streich gemacht und dafür gebührend verlacht wurde, ist B's. **Argument,** um eine jüdische **Nationalfeier** (den "18. October" des Judenthums!) zu entschuldigen. Wo in aller Welt hatte Herr B. seine Gedanken, als er dies niederschrieb? Bedachte er nicht, daß er mir dadurch die schneidendste Waffe gab? In **Rom** sogar wird die St. Bartholomäusnacht nicht mehr officiell gefeiert; in **Deutschland** sogar hat sich die Feier des "18. Octobers" kein Vierteljahrhundert halten können, ohne von der Kritik als inhuman verspottet zu werden; nur im Judenthum pflanzte sich die Barbarei in ihrer Symbolik fort. Hand auf's Herz, Herr B., war das ein ehrliches Argument von Ihnen? — —

B. beweise mir doch, daß der "Ackerbau" in Palästina in Blüthe stand, daß **Sichem** und **Samaria** von **Juden** cultivirt waren! — V. beweise mir den culturhistorischen Proceß, die Analogie von „Protestantismus und Katholicismus" zwischen Israel und Juda, welche „Staaten" von der eigenen Tradition der Juden (Jes., Jerem., Hesek.) über einen Kamm geschoren werden. „Die Toleranz der Juden in vordavidischer Zeit"? Wenn Herr V. nicht irgend ein Palimpsest entdeckt hat, welches die biblische Geschichte Lügen straft, dann lassen wir die von den Juden erwürgten Völker ruhig auf der Bank der Zeugen sitzen. — Die „Abtrünnigkeit." — Ja wohl, es giebt „überall Abtrünnige," aber wir machen den Juden einen größern Vorwurf daraus, weil sie ein Wesen der Majorität derselben bildet und gebildet hat in allen Zeiten. Wir verzeihen dem Juden weniger als dem Nichtjuden die Abtrünnigkeit von der Fahne des allgemeinen Wahlrechts, unter welcher er seine bessere Stellung errungen hat, oder wir müßten aufhören, mit dem Stolz des freien Mannes zu denken und zu fühlen, und ich glaube jenen Männern des Exils keine größere Achtung geben zu können, als indem ich sie für Nichtjuden erkläre. Wird dagegen Protest eingelegt, so antworte ich einfach: Wenn Euch also, trotz Eures Märtyrthums Euer Tempelverband, Euer jüdisches — politisch-religiöses — Bewußtsein höher steht, als ein freies Menschenthum, so seid Ihr Nützlichkeits- und Möglichkeitspotenzen und verdient den unbedingten Glauben an Eure Ueberzeugung und Gesinnungstüchtigkeit nicht.

Doch ein Argument des Herrn V. erkenne ich an. Warum, fragt er, gesteht Marr den Juden die Theilnahme am allgemeinen Wahlrecht zu? Sie hätten Recht, Herr V., wenn nämlich unsere Staaten schon so frei wären, wie Sie und ich sie wünschen. Dann könnten wir den Juden mehr bieten, folglich auch mehr fordern. Ich habe also hier vielleicht den Fehler begangen, praktisch gewesen zu sein und den Juden eine Theilnahme an der Bewilligung von Steuern ꝛc. zugestanden. Wie aber die Verhältnisse sind, wie das Judenthum vor Allem ist, glaubte ich, unbeschadet der Freiheit der

Juden die Theilnahme an dem einen staatsbürgerlichen Element — der durch die Allgemeinheit ausgeübten Controle — nicht versagen zu können. Der Staat hat nun einmal ein Judenthum neben sich anerkannt und ich mußte logischerweise auch die Konsequenzen acceptiren. Aber Sie haben meinen Satz nicht zu Ende gelesen, sonst wären Sie so ehrlich gewesen, um zu sehen, wie ich es ein „Dilemma" nannte, in welches unser Staat sich verrannt hat. Ich habe dagegen gewarnt und protestirt, das jüdische Element zu mächtig werden zu lassen und ich habe — die Thatsache anerkennend — Garantien von den Juden verlangt, welche indirekt durch das allgemeine Wahlrecht zu besoldeten Staats-Stellen gelangten. Ich erklärte, das Judenthum kann solche Garantien nicht geben, **weil es den jüdischen Staat höher stellt, als jeden andern** und weil der besoldete Beamte, wie der Soldat — **nur einer Fahne dienen kann.** Sie wissen z. B., daß ich Dr. Wolffson als Mensch und als Talent achte, aber Sie werden mir die Ungereimtheit zugeben, daß er zu gleicher Zeit Präses der Hamburger Bürgerschaft und des jüdischen Gemeinde-Vorstandes ist, trotzdem W. geistig vielleicht eben so frei denkt, wie wir Beide. Und doch nicht ganz! Denn sonst würde er eins von den beiden Ehrenämtern „liquidiren." Oder würden die Juden einen Nichtjuden zum Präses ihrer Gemeinde-Repräsentation wählen? Nein, denn der jüdische Staat ist der Staat der absolutistischen Unfreiheit. Wer also diese Unfreiheit höher stellt, als alles andere, den wird es dem Kritiker doch wohl unbenommen sein, mit Mißtrauen zu betrachten und die innern Garantien zu vermissen, daß der Jude nicht „recidiv" werde, so lange er die Brücken nicht hinter sich abgebrochen hat.

In der Praxis resumirt die Frage auf Majorität und Minorität; im Princip ist sie zu beurtheilen danach, ob das **Judenthum als solches ein dem modernen weltlichen Staatseigenthum feindliches Element** ist oder nicht.

Die Staaten bilden sich durch praktische Erfahrungen. Damit diese Erfahrungen nicht zu theuer für das Staatswohl erkauft werden, hat jedes Element im Staate sich dem Ganzen **unterzuordnen.** Das Judenthum steht vermöge seines Starrsinns bis jetzt auf **rein geschäftlichem Standpunkt** zu uns und ich will Ihnen dies beweisen durch die zweite Kritik meiner Schrift von F., welche aus einer sachverständigen **jüdischen** Feder geflossen ist. Der Verfasser dieser Schrift verlangt (No. 84 der „Reform") in einem „**christlichen** Staate Garantien für die wirkliche **Anstellung der Juden im Staatsdienste**" und läugnet mit Recht die Möglichkeit derselben. Bedarf es noch eines stärkeren Beweises, als diesen?

Im freien Staate meint F.: 1) Würde sich die ganze jüdische Gemeinde schwerlich entschließen, ihren Gemeindestaat zu liquidiren. Gut, antworte ich, **dann bleibt, was Ihr seid, verlangt aber nicht mehr von uns, als wir Euch, unbeschadet unserer eigenen Sicherheit, geben können.**

2) Die Regierung unseres Staates würde keinen „Vortheil (!!) davon haben, weil sie durch das jüdische Armen- und Krankenwesen „vermehrte Lasten (!) hätte." Wir antworten, wenn der Staatsbürger seine **Pflichten gegen den Staat** erfüllt, muß auch der Staat die **seinigen gegen die Staatsbürger** erfüllen und weisen mit Indignation dieses feilschende jüdische Argument zurück.

3) Wenn die jüdische Gemeinde sich privatim mit allem Anhängsel „restituiren" kann, so würde Alles beim Alten bleiben. Nicht doch, nur Diejenigen würden beim Alten bleiben, welche das Alte dem Neuen vorzögen. Wir gönnen ihnen das Alte vollkommen, **nur sollen sie auf dem Standpunkte des Alten nicht den Mitgenuß des Neuen prätendiren.**

Herr B. hat hier einen gefährlichen Alliirten erhalten. Einen Alliirten, welcher „aus der Schule plaudert." — F. „handelt." —

Gebt uns "Stellen" beim "Baufach, Forstfach, Post, Steuer, Rechnungs- und Cassenwesen" und "zur Stärkung des Vertrauens" "zeitweise" "Richterstellen" und Stellen im "Regierungscollegium." — Mit einem Worte: Gebt uns Alles, wir geben Euch gar Nichts als einen freundlichen Dank! — Ein Rabbiner, der um seine Stelle besorgt wäre, könnte nicht eindringlicher reden.

Komisch bleibt, daß dieselbe "Reform," die mich mit den "Posaunen von Jericho" aus der "Demokratie" hinauszublasen versuchte, dem F. gestattet, mir einmal über das andere das Compliment eines Demokraten de pur sang zu machen!

Ich wiederhole es, denn man kann der Bornirtheit gegenüber sich nicht oft genug wiederholen, ich hege keinen Haß gegen diesen oder jenen Juden, denn alle Welt weiß, daß ich unter den Juden intime Freunde habe. Aber ich hasse das Judenthum.

Sperrt zehn Generationen im "rauhen Hause" ein, und sie werden den Kopf bis an die Füße "hängen lassen." — Das "rauhe Haus," wenn es angegriffen wird, rächt sich durch Preßprocesse. Das Judenthum rächt sich durch Gemeinheiten, aus denen erst nach geraumer Zeit die bessern Elemente sich zu einer ehrlichen sachlichen Gegnerschaft emporraffen. Sachlich, wohlwollend und im Ganzen genommen würdig ist die Kritik F's., wenn sie auch, wie ich gezeigt, das Specifische des Judenthums nicht völlig abstreifen konnte. Sachlich ist, nichtjüdischer Seits, auch die Kritik B's. gewesen, aber er hat nicht mit ehrlichen Waffen gekämpft; er hat den einfachen, prägnanten Gedankengang meiner Schrift absichtlich ignorirt und dieselbe zusammenhanglos beurtheilt. Es scheint ihn zu ärgern, daß der "Judenspiegel" ein "Ereigniß" geworden ist und die Absicht der Widerlegung ist gar zu deutlich. — Er klammert sich an einzelne meiner Beispiele, kämpft mit Beispielen und resumirt sich zuletzt in der Forderung nach — "Gerechtigkeit."

Ja wohl, Gerechtigkeit.

Wir haben Jahre lang gegen die Ungerechtigkeit des christlichen Staates gekämpft, wir beugen das Haupt nicht mehr vor dem Kreuze. Es ist uns gelungen, diesen christlichen Staat zur Humanität zu zwingen.

Und man wagt es, uns zu schmähen, wenn wir an die Pforten des jüdischen Tempels klopfen, uns zu schmähen, wenn wir dem Juden seine „Eigenthümlichkeiten" vorhalten, uns zu schmähen, wenn wir den Ursprung und den Sitz dieser Eigenthümlichkeiten beweisen?!

„Der jüdische Dünkel erträgt keine Kritik;" er ist fanatischer als der christliche Pöbel je bei einer Ketzerverbrennung gewesen ist. Daß aber nichtjüdische Federn Lanzen brechen für diesen jüdischen Dünkel ist — komisch und verdächtig.

„Gerechtigkeit" fordern auch wir vom Judenthum, wenn man von uns Gerechtigkeit für das Judenthum fordert.

Wir bezeigen dem „Stabe des Aaron" nicht mehr Respekt, als dem „Kreuze."

W. M.

Wir abstrahiren, als irrelevant, von jeder in alle Specialitäten eingehenden Kritik des historischen Judenthum's, wie sie z. B. Spinoza u. A. geliefert haben, da uns die Traditionen des alten Testaments vollkommen genügen, um zu zeigen, daß wir es mit einem Wesen zu thun haben, durch dessen ganze Geschichte (Mythus wie Wissenschaft) das exceptionelle Wesen als ein bis auf die Spitze getriebenes Lebensprincip sich wie ein rother Faden hindurchzieht, Natur und Vernunft, Gesittung und Humanität, Anstand und Bildung auf den Kopf stellt und sich nur dadurch zu erhalten vermochte, daß es, sich in sein **historisches Ghetto** einschließend, fremd zu Allem verhält, was andere Völker, was die Menschheit zu allen Zeiten in Ehren und heilig gehalten hat.

Die jüdische Tradition, welche unklugerweise im Schooße der christlichen Kirche noch immer gehätschelt wird, beginnt sofort (1. Moses 1, 27,) mit einer Blasphemie: „**Gott schuf den** „**Menschen ihm zum Bilde, zum Bilde Gottes schuf** „**er ihn**". — Dieses „Ebenbild Gottes" war aber eine Stümperarbeit, denn die „Schlange" verführte die Menschen vom Baum der Erkenntniß zu essen, von der verbotenen Frucht, und nachdem die Menschen dieses Verbrechen begangen, stellte ihnen Gott das Zeugniß aus (1. Moses 3, 22,): „**Siehe der Mensch** „**ist geworden wie unser eins und weiß, was gut und** „**böse ist**". Damit er aber — erst jetzt wahrhaft Gott gleich — „**nicht ausstrecke seine Hand und breche auch von** „**dem Baum des Lebens und esse, und lebe ewiglich**", sagte ihn Gott zum Paradiese hinaus — aus Concurrenzneid. Das ist nach der jüdischen Tradition das erste Auftreten des ersten jüdischen Menschen, der sofort Gott in's Geschäft pfuscht und nun dem Recht des Stärkern unterliegt.

Nach der Vertreibung aus dem Paradiese finden wir die Söhne Adam's, Kain als „Ackermann", Habel als einen beschaulichen „Schäfer". Beide opferten dem Herrn. Dieser aber, getreu der paradisischen Gartenordnung, sah wohlgefällig auf des Faullenzer Habels Opfer und ignorirte die Früchte des Schweißes von Kain, welcher diese Zurücksetzung übel aufnahm und in Folge eines Wortwechsels seinen Bruder todschlug. Kain wurde dafür im ersten Moment de vivacité von dem Herrn zu permanter Landesflüchtigkeit verurtheilt, aber auf vieles Bitten unter besondere Protection Gottes gestellt. Er findet ein Weib, die Gott weiß woher gekommen sein mag, er baut eine „Stadt" und der Brudermörder wurde der Stammvater von Nationen. Adam zeugte später noch einen Sohn, den Seth, von dem die andere Linie die Juden par excellence abstammte bis auf Noah, zu dessen Zeiten Gott sehr böse war, daß die Menschen sich „Weiber nahmen und Kinder zeugten", auch sonst „ihre Bosheit groß war". Gott schickte die Sündfluth und ließ das ganze Menschengeschlecht, welches er mit so vieler Mühe nach sechstägiger Arbeit erschaffen, elendiglich ersaufen, mit Ausnahme von Noah, und kam, nachdem das Unglück einmal geschehen war und (1. Moses 8, 21,) seine Nase den „lieblichen Geruch" von Noahs Brandopfer spürte (etwas spät für einen Gott), zu der Erkenntniß, daß „das Dichten und Trachten des „menschlichen Herzens böse ist von Jugend auf" und er die Menschen „hinfort nicht mehr schlagen" wolle, wie er gethan.

Dies ist das flüchtige Abrégé des Judenthums bis zur Sündfluth.

Mit Abraham kommt das Judenthum nach Aegypten, Gott ladet sich in Person bei ihm zum Essen ein und verspricht seinen Nachkommen das ganze Land „von den Wassern „Aegyptens an bis zum Euphrat". Leider haben die Juden diesen fruchtbaren Strich niemals besessen, denn „versprechen und halten sind zweierlei," und welches Terrain um Jerusalem herum zu finden ist, wo man zwischen Hunger und Durst vom gelobten Lande höchstens träumen kann, erhellt aus allen alten und neuen Reisebeschreibungen.

Sehen wir uns nun diesen gepriesenen Abraham ein wenig näher an. Eigenthümlich sind die Manoeuvres, die ihn die Tradition mit seinem Weibe Sahrah aufführen läßt. Am Hofe Pharaos giebt er sie für seine Schwester aus, damit die Aegypter ihn nicht „erwürgten", um seine Frau zu bekommen (1. Moses 11—13), und Sahrah findet solche Gnade in des Königs Augen, daß dieser krank darüber wird (Genesis 12, 17). Später, beim König Abimelech von Gerar gesteht Abraham, der auch diesem Monarchen seine Frau abgetreten hatte, demselben ein: Sahrah sei allerdings außer seiner Frau, auch seine Schwester von väterlicher Seite (Genesis 20, 12,). Aus dieser eigenthümlichen Ehe, wo der Bruder seine Schwester geheirathet hat, wurde Isaac gezeugt, freilich erst als Sahrah schon 90 Jahr alt war, welche Verzögerung wahrscheinlich physiologisch durch die ein wenig allzunahe Blut-Verwandtschaft der Ehegatten zu erklären ist. Am Hofe J. J. Majestäten von Aegypten und Gerar hat also Abraham seine Schwester-Frau, immer unter dem Incognito seiner „Schwester" förmlich colportirt und dafür brillante Geschenke von den resp. Souveränen erhalten, was nicht sehr von Eifersucht dieses würdigen Patriarchen zeugt. Freilich zeigte sich auch Sahrah tolerant, denn bekanntlich war es Ismael, von welchem die Araber abstammen, Ismael, eine Frucht der Liebe Abrahams mit seiner Köchin Hagar, die nachher verstoßen wird, damit Isaac Universalerbe bleibe, welcher Isaac dann später mit seiner schönen Frau Rebecka eben so gute und einträgliche Geschäfte macht, wie sein würdiger Vater Abraham mit der Sahrah.

Der jüdische Typus tritt nach diesen verschiedenen fleischlichen Vorbereitungen in den Söhnen Isaacs noch deutlicher an den Tag. Esau, ein braver aber etwas rauher Jäger, der Erstgeborne, stand bei seiner Mutter Rebekka nicht in so hoher Gunst, als der weichliche Jakob. Die Geschichte, wie die Gattin und Mutter, in Compagnie mit dem Muttersöhnchen, den blinden Isaac betrügen, um für Jakob den Segen zu erschleichen, nachdem dieser seinen Bruder Esau vorher, als derselbe ausgehungert vom Felde kam, mit einer Schüssel Linsen das Erstgeburtsrecht abgeschwindelt hatte, ist bekannt. Das Interesse und die Eitelkeit bewährten sich, die Furcht, das dritte Attribut des Judenthums, trat in Scene, als Jakob zurückkehrte von Laban und, lange vor seines Bruders Rache diesen durch ein Geschenk in drei Abtheilungen (Genesis 30.) zu versöhnen hoffte, um die Versöhnung möglichst wohlfeil zu erkaufen. Esau war aber ein nobler Charakter — die noblen Charaktere bleiben bei dem Judenthum immer außerhalb des Stammbaums,*) denn Jakob wurde der Haupt-Patriarch — und verzieh ohne Entschädigung. Jakob, nachdem er Vater und Bruder betrogen, ging auf die Wanderschaft, um den Folgen seines Gaunerstückchens zu entfliehen, nimmt Dienste bei Laban, prellt diesen bei der Schaafzucht abwechselnd um die weißen und bunten Schaafe durch eine schlau angelegte Versehungsmethode bei den schwarzen Thieren, wird von Laban, welcher Repressalien gebraucht, um die Rahel geprellt, heirathet aber die Rahel nach der Lea doch (entgegen dem spätern Gesetz Moses), stiehlt seinem Schwiegervater die goldenen Götzenbilder, „rang mit Gott," kam mit einer ausgerenkten Hüfte davon, wurde als Sieger erklärt und zum Lohn — für seine saubern Kniffe und Ränke? — mit dem Titel Israel, der wahre Stammvater der Juden, belohnt! — —

Das ist — nach der Tradition — die Wurzel des Stammbaumes Israel's, an den man glaubt, den man verehrt und der

---
*) Vergl. Seite 21.

aus frommen Männern besteht, welche abwechselnd Kuppler, Schwindler, Fälscher Betrüger und Diebe gewesen waren.

Die Descendenz — nach der Tradition — ließ wenig zu wünschen übrig. Joseph, der „Angeber" unter seinen Brüdern, eine Art Spion, wurde von den **eigenen Brüdern**, von denen jeder wiederum der Patriarch eines ganzen Stammes des „auserwählten Volkes" wurde, als Sclave nach Aegypten verkauft. Dem Vater band man eine alberne Jagdgeschichte auf.

Und Joseph! Er wird nach mancherlei Abentheuern Minister beim König Pharao, und das erste was er treibt, ist ein wohlorganisirter Kornwucher, die Creirung eines Getreidemangels. Er sog Aegypten und die umliegenden Länder aus. Zuletzt zwang er die armen Aegypter ihre Aecker und sich selbst zu verkaufen, um Getreide zu Brod aus den königlichen Magazinen zu erhalten. Er machte das ganze Land — mit wohlweislicher Ausnahme der Priester — (Genesis I. 47. 27.) leibeigen, und führte das Feudalsystem ein, begnügte sich aber nicht mit dem Zehnten, sondern nahm den „Fünften." (Ebend. 47. 24.) Mit welchem Raffinement der brave Joseph hiebei zu Werke geht, wie er nach und nach die Leute aussaugt und ausplündert, wie er sie beschwatzt und durch Hunger zwingt, erst ihr Vieh, dann ihr Land, dann sich selbst zu verkaufen, das ist ein Vorbild, ein Ideal, — Schylok nicht ausgenommen — das noch kein Wucherer der Nachwelt je erreicht hat. Aber das hindert ihn nicht, als frommer Mann, als Prophet zu sterben; das hindert nicht, daß sein Andenken noch heute nach mehr als 4000 Jahren von seinem Volke heilig und in Ehren gehalten wird.

* * *

Wir gelangen jetzt zu dem **politischen Charakter** des Judenthums. Moses: Es versteht sich hier, wie überall von selbst, daß wir es dahin gestellt sein lassen ob diese Persönlichkeit vor der Kritik historisch stichhaltig ist, oder nicht. Die Tradition dient hier wie überall dem Judenthum als Grundlage und als Tradition haben wir ihren moralischen Werth zu untersuchen.

Aegyptischen und andern Traditionen zufolge, sollen die Juden von den Aegyptern vertrieben worden sein, und zwar ihrer Unreinlichkeit, bösen Krankheiten und sonstigen schlechten Eigenschaften wegen. Nach der Bibel verhält sich die Sache auf den ersten Blick anders und ist umschrieben d. h. zu verbrehen versucht.

Die jüdische Tradition läßt in dem unglaublich kurzen Zeitraum von zwei Hundert und fünfzehn Jahren aus einer Familie von siebenzig Personen eine Nation entstehen, in welcher man sechs mal Hunderttausend streitbare Männer zählte, was ungefähr im Verhältniß eine Bevölkerung von total zwei Millionen Seelen ausmachen würde. Diese mehr als kaninchenartige Fruchtbarkeit ist merkwürdig; noch merkwürdiger aber, wie eine solche Menschenmenge einen vierzigjährigen Zug durch die Wüste unternehmen konnte. Glücklicherweise verminderte sich dort die Anzahl um ein Beträchtliches.

Die jüdische Tradition erzählt uns nun, daß ein späterer Pharao, „der von Joseph Nichts wußte" und vielleicht auch von seinem ministeriellen Programm Nichts wissen wollte, mit Besorgniß auf die Juden blickte, denen er im Fall eines Krieges Nichts geringeres als Landesverrath zutraute zum Dank für die empfangenen Wohlthaten. (Exodus I. 10.) Pharao schien sich nicht anders helfen zu können, als indem er zuerst die Juden zur Arbeit anhalten, und als ihm das nicht gelang, ihre erstgebornen Söhne ins Wasser werfen ließ. Ein Mann, Namens Levi, zog es vor, seinen Sohn Moses selbst ins Wasser zu werfen, indem er das Knäblein in einen verpechten Korb steckte und es den Nil hinabtreiben ließ, unbekümmert um die Krokodille und die sonstigen Unfälle, denen man auf einer Reise in dieser Art ausgesetzt ist. Moses wird von einer ägyptischen Prinzessin aufgefischt und erzogen, schlägt — nicht mit Unrecht — einen Aegypter tobt, der einen Juden mißhandelte und muß flüchten. Als Hirt auf dem Berge Horeb hatte er eine Unterredung mit Gott, die ihm befahl, die Juden aus Aegypten zu führen und ihm mit Wundern und Landplagen dabei behülflich zu sein versprach. Außerdem gab ihm „Gott" noch eine detaillirte Unterweisung, wie die Juden es machen sollten, um den Aegyptern beim Auszuge ihre goldenen und silbernen Gefäße und ihre Kleider zu stehlen. (Exodus 3, 22.)

Hierauf zog Moses zu Pharao und legitimirte sich durch eine Menge Wunder als gottgesandt. Freilich verstanden sich die ägyptischen Magier auch nicht übel auf solche Dinge, indem sie Spazierstöcke in Schlangen verwandelten, aber „Aarons Stab," der mittlweile auch zur Schlange geworden war, „verschlang die Schlangenstäbe" der Aegypter, was merkwürdigerweise zur Folge hatte, daß Pharao noch ungläubiger wurde. (Exodus 7, 13.) Moses verwandelte alles Wasser in Blut, die ägyptischen Zauberer machten das Wunder nach. Er ließ Frösche regnen, die ägyptischen Zauberer ebenfalls. Jetzt aber kamen die Hauptwunder! Moses zauberte Massen von Läuse hervor. Das konnten — oder wollten — ihm die Aegypter nicht nachmachen, so wenig wie sie ihm die Erfindung der übrigen Plagen streitig machten. Endlich nachdem Gott zu Gunsten der Juden zum Bravo wurde und die Söhne der Aegypter nächtlicherweise ermordete, sah Pharao ein, daß ihm die Juden zu viel Unheil auf den Hals brachten und er ließ sie ziehen, was wir in seiner Stelle schon längst gethan haben würden. Vorher „entlehnten" die Juden von ihren Nachbarn „silberne und goldene Gefäße und Kleider" und „entwendeten (stahlen) sie den Aegyptern." (Exodus 12, 36.) Es scheint hieraus zu folgen, daß diese vielgeschmähten Aegypter gegen die Juden wohlwollend und gefällig gewesen sind, daß die damaligen Juden dagegen höchst undankbar waren. Man darf sich aber nicht wundern, daß Pharao sich zu ihrer Verfolgung aufmachte, jeder moderne Polizeibeamte würde dasselbe gethan haben.

Hier angelangt, muß man eingestehen, daß die Tradition dem „auserwählten Volke" Privilegien ertheilt hat, wofür man in civilisirten Staaten Galgen und Zuchthaus bestimmt, und es bleibt sehr dubiös, ob es nicht vortheilhafter für die Moral der Geschichte gewesen wäre, wenn die Tradition die Aegypter die Juden hätte vertreiben lassen, wie es heidnischen Autoren zufolge der Fall gewesen sein soll.

Der Zug durch die Wüste ist eine ununterbrochene Kette von Abtrünnigwerden, Heimweh nach Aegypten, Murren, Götzendienst u. s. w. Sobald Moses den Rücken wandte, oder Gott eine kleine Pause im Wunderthun eintreten ließ, artete Israel aus. Ja, Moses selbst, nachdem die zehn Gebote längst gegeben und Alles festgestellt war, dekretirte auf Gottes Anstiften eine Art Götzenbilderdienst (4. Moses 21, 8) und errichtete „eherne Schlangen," die man nur anzusehen brauchte, um vor den Folgen des Bisses wirklicher Schlangen bewahrt zu bleiben. Unzucht, Empörung, Unreinlichkeit waren auf dem Zuge an der Tagesordnung. Trotz des Verbotes, sich mit andern Völkern nicht zu vermischen, hatte Moses — eine „Negerin zum Weibe genommen," worüber ihm Mirjam und Aaron bittere Vorwürfe machten. (4. Moses 12, 1.)

Ohne Gnade und Barmherzigkeit fielen die arbeitsscheuen Juden über die kleinen Völkerschaften her, die sie auf ihren Wanderungen trafen, erwürgten Alles bis auf den letzten Mann und ließen nur die Jungfrauen am Leben, die sie zu Sclavinnen machten. So verfuhren sie mit den Amalekitern, den Medianitern, und als die Mauern von Jericho vor ihren Trompeten und durch Verrath gefallen waren, mußte Alles über die Klinge springen, mit Ausnahme des Verräthers Rahab. Alle diese armen Menschen hatten den Juden Nichts zu Leide gethan. — Aber Jericho ist kaum genommen, als sie unter einander in die Haare gerathen und fast den ganzen Stamm Benjamin ausrotten, so daß nur Sechshundert Männer übrig bleiben. Damit der Stamm Benjamin nicht aussterbe, fallen sie über eine Stadt des Stammes Manassa her, tödten alle Männer, Greise und Kinder, alle verheiratheten Frauen und Wittwen, rauben Sechshundert Jungfrauen, die sie den Sechshundert am Leben gebliebenen Benjamitern zu Weibern geben. (Richter 20. und 21. Kap.)

Man weiß, daß nach der Tradition die Leiden der Juden in Aegypten ihren Anfang nahmen von dem Augenblick an, da man von ihnen verlangte, sie sollten arbeiten. Diese Arbeitsscheu ist ein wesentliches Element der jüdischen Tradition. So sollte denn das — übrigens in Wirklichkeit entsetzlich sterile — Land der Verheißung, das „gelobte Land", „ein Land, wo Milch und Honig fließt", sein. Industrie, Ackerbau blieben ihnen fremd. Krieg und Gemetzel bildeten neben Gottesverehrung und Abgötterei ihre Hauptbeschäftigung, und so konnte es nicht ausbleiben, daß sich die umliegenden Völkerschaften endlich vereinigten, um die Eindringlinge zu züchtigen. Sieben Mal wurden sie im Laufe von 200 Jahren unterjocht, und wo dann der menschliche Witz, die menschliche Thatkraft bei ihnen aufhörte, mußte Jehovah interveniren. Er schlug ihre Schlachten, er blendete ihre Feinde, er überlieferte sie ihnen; sie selber verstanden nur zu schlachten, zu morden. Jedes Verbrechen, jedes mit Füßentreten des Völkerrechtes war ihnen gestattet, vorausgesetzt, daß sie nicht von Jehovah abfielen. Man sollte denken, um solchen Preis hätte Israel ein gottgefälliges Volk mit leichter Mühe bleiben können. Dem war aber nicht so. Jedes Blatt der jüdischen Tradition erzählt uns von ihrer Abtrünnigkeit, von ihrer Sucht Götzendienst zu treiben, und selten, wie Oasen in der Wüste, tauchen Individualitäten auf, welche eine Ausnahme von der herrschenden Regel bilden. Die Propheten sind von A bis Z ein donnernder Katalog der Sünden der Juden und man sucht umsonst nach irgend einem Volke in der Geschichte, welches nur annähernd eine solche halsstarrige Auffertigkeit gegen alle „göttlichen" und menschlichen Gebote documentirt hätte, wie die Juden, ihrer eigenen Traditionen zufolge.

Wir wollen auf's Gradewohl kreuz und quer das Netz auswerfen in die Schriften der Propheten.

Jesaias 3, 12, 14. „Kinder sind Treiber meines Volkes und Weiber herrschen über sie." — „Denn Ihr hat den Weinberg verderbet und der Raub von Armen ist in Eurem Hause."

Daniel 9, 11. „Das ganze Israel übertrat Deine Gebote."

Hesekiel 20, 30. Da spricht der Herr: „Ihr verunreinigt Euch in dem Wesen Eurer Väter und treibt Hurerei mit ihren Gräueln. Und verunreinigt Euch an Euren Götzen, welchen Ihr Eure Gaben opfert und Eure Söhne und Töchter durch's Feuer verbrennet." „Dazu daß Ihr gedenket, wir wollen thun wie die Heiden, Holz und Stein anbeten." — Hesekiel 22, 7. „Vater und Mutter verachten sie, den Fremdlingen thun sie Gewalt und Unrecht, die Wittwen und Waisen schinden sie." 11. „Und trieben unter einander mit Freund und Freundes Weibe Gräuel; sie schänden ihre eigene Schnur mit allen Muthwillen, sie nothzüchtigen ihre eigenen Schwestern, ihres Vaters Töchter." 12. „Sie wuchern und übersetzen einander, und treiben ihren Geiz wider ihren Nächsten.

Jeremias 9, 3. „Sie schießen mit ihren Zungen eitel Lügen und keine Wahrheit, und treiben es mit Gewalt im Lande, und gehen von einer Bosheit zur andern." 5. „Ein Freund täuscht den andern und redet kein wahr Wort; sie fleißigen sich darauf, wie einer den andern betrüge, und ist ihnen leid, daß sie es nicht ärger machen können." 8. „Mit ihrem Munde reden sie freundlich gegen den Nächsten, aber im Herzen lauern sie auf denselben."

Hosia 4, 14. „Und ich will es auch nicht wehren, wenn

— — — —. Denn das thörigte Volk will geschlagen sein."

Micha 7. 2. "Die frommen Leute sind weg in diesem Lande. — Sie lauern alle auf's Blut; ein Jeglicher jagt den Andern, daß er ihn verderbe." — 4. "Der beste unter ihnen ist wie ein Dorn, und der Redlichste wie eine Hecke."

Zacharja 3. 1. "Wehe der scheußlichen, unfläthigen Stadt!" (Jerusalem.)

Maleachi 3. 7. "Ihr seid von Eurer Väter Zeit an immerbar abgewichen von meinen Geboten, und habt sie nicht gehalten."

U. f. w. U. f. w.

Jeder "Schriftgelehrte" wird uns das Zeugniß geben, daß wir das Allerglimpflichste copirt haben. Man lese das 59. Capitel in Jesaias nach, wo die Sünden der damaligen Juden hergezählt werden.

Moses war einige dreißig Jahre todt, als die Frau Micha vom Stamme Benjamin Eilf Hundert Silberlinge verlor, welche ihr Sohn ihr wiederbrachte. Woher dieser sie genommen, wissen wir nicht. Die brave Jüdin baut sogleich eine ambulante Kapelle und errichtet Götzenbilder aus dem Silber. Ein Levit gab sich dazu her, für ein billiges Honorar die Götzen zu bedienen. Was geschieht weiter? Ein Stamm (Dan), welcher grade auf Plünderung ausging, kam an Micha's Hause vorüber und consultirte den Leviten, ob der Ausgang der Expedition einen glücklichen Erfolg hätte, und die Kinder Dan's, als der Levit bejahend antwortete, fingen damit an, daß sie — Kapelle, Götzen und Leviten mit fortnahmen. Zum Dank dafür errichteten sie dem silbernen Götzen ein Tabernakel, das bald so großes Ansehen erhielt, daß ein neuer Priester nothwendig wurde. Ein solcher fand sich in einem gewissen Jonathan, Sohn Gerson's, Sohn Mosis und der Tochter des Jethro, also in dem Enkel Mosis.

(Richter XVII.) Kuriose Familie! Moses Bruder im Alter von hundert Jahren macht ein goldenes Kalb und betet es an; sein Enkel wird für Geld Götzenpriester. Daß Moses selber eherne Schlangen construirte, haben wir bereits gemeldet.

Nach dem Opfer, welches Jephta an seiner eigenen Tochter vollzog — Jehovah fand es nicht für gut, zu interveniren, wie er bei Abraham gethan, als dieser den Isaac schlachten wollte, es galt hier ein menschenschlächterisches Gelübde zu erfüllen! — fällt uns ein gewisser Abimelech auf, ein Sohn des frommen Gideon, den dieser Held mit einer Landstreicherin gezeugt hatte. Dieser Abimelech schlachtete eines schönen Tages seine siebenzig Brüder auf einem Stein. — Gideon hatte nämlich — trotz Mose's Gebot — „viele Weiber". (Richter 8. 30.) War Gideon, wie es scheint, ein Bruder Liederlich, so war Abimelech ein recht schlechter Verwandter. Drei Jahre später wurde er gehenkt.

Nachdem die Juden genug Unfug aller Art getrieben, geriethen sie zuletzt auf den Einfall, einen König haben zu wollen, wie die andern Völker. Umsonst rieth Samuel, dem unter der Monarchie auch wohl um seinen priesterlichen Einfluß ein wenig bange werden mochte, davon ab. (Samuel, ein Feind der Könige, zerhackte später den König Agag, dem Saul das Leben gerettet hatte, in tausend Stücke.) Die Tradition entwirft von diesen Königen durchweg ein rührendes Bild. David mordet den Mephiboseth, Sohn seines Busenfreundes Jonathan, den er noch zärtlicher liebte, als ein Weib; läßt den Urias ermorden, um dessen Frau, die Bethsabea, für sich zu bekommen; mordet Mann und Maus in den verbündeten Dörfern seines Beschützers Achis, und befiehlt noch auf dem Todtenbette, daß man Joab, seinen Feldherrn, und Semei, seinen Rath, ermordete. Salomon ermordet seinen eigenen Bruder Adonai am Altar. Die Gräuelscenen be-

Rheabeam und Jerobeam sind bekannt. „Lustig gelebt und selig gestorben" heißt die Parole dieser Könige. — David dichtete in seinen alten Tagen herrliche Psalmen, in welchen meist das Gegentheil von dem gepredigt wird, was der Sänger selbst war. Salomon, nachdem er blasirt und abgestumpft gegen alle Sinnlichkeit geworden, besingt in schlüpfrigen Bildern die Keuschheit.

Wie weit die Verirrungen dieses, in steter Verirrung begriffenen, Volkes gehen mußten, erhellt aus Jesaias V. 5.: „Die Ihr in der Brunst zu den Götzen laufet und schlachtet die Kinder an den Bäumen unter den Felsklippen." Wieder Abgötterei und dazu Kindermord zu gleicher Zeit! — Und Hesekiel 20. 31. klagt, daß die Juden fremden Götzen ihre „Söhne und Töchter durch's Feuer verbrennen".

* * *

Nach dem Tode Salomon's, des Weisen aus Impotenz, zerfiel das Reich in zwei Theile, Juda und Israel, welche sich einen Krieg auf Tod und Leben machten. Sie hatten sogar verschiedene Götter. In Samaria und Sichem betete man Baal an, in Jerusalem Abonai. In Sichem gab es ein Paar heilige Kälber, in Jerusalem zwei Cherubime, zwei doppelköpfige geflügelte Thiere. Jede Partei hatte ihre Könige, ihren Gott, ihren Kultus, ihre Propheten.

Die Könige von Assyrien benutzten diese Zustände, führten die Neun und ½ Stämme von Sichem und Samaria weg, und diese blieben zerstreut, ohne daß man mit historischer Genauigkeit sagen kann, was aus ihnen geworden. — Jerusalem wurde wiederholt angegriffen, ward dienstbar den Königen Hazael und Razin, kam in Sclaverei unter Teglat-pfaelasser, wurde dreimal von Nebukadnezar genommen und endlich zerstört. Sebecias, der als Gouverneur eingesetzt war, wurde mit dem ganzen Volk in die babylonische Gefangenschaft geführt, so daß von allen Juden in Paläſtina nur wenige Sclavenfamilien blieben, um das Land zu bebauen. Samaria und Sichem wurden von Fremden coloniſirt, welche die aſſyriſchen Könige dorthin ſandten und die den Namen Samaritaner annahmen.

In der babyloniſchen Gefangenſchaft, aus welcher ein großer Theil zum Aerger Jeremias' wieder nach den Fleiſchtöpfen Aegyptens deſertirte, civiliſirten ſich die Juden einigermaßen und verlernten faſt das Hebräiſche. Joſephus, der Geſchichtſchreiber, geſteht ſelbſt ein, daß das Chaldäiſche die Sprache ſeines Landes ſei. Uebrigens ſcheint es, als haben ſie auch in Babylon mehr dem Schacher obgelegen, als den Wiſſenſchaften, denn ihr Gewinn ſetzte ſie ſpäter in den Stand, ſich freizukaufen und unter Cyrus Jeruſalem wieder aufzubauen. Aber als es an's Auswandern ging, wollten die Wohlhabenden das ſchöne Land nicht mit dem unfruchtbaren „gelobten Land" vertauſchen, und nur der ſchlechteſte Theil der Nation kehrte mit Zorobabel in die Heimoth zurück. Die Juden in Babylon begnügten ſich, Geldbeiträge zum Wiederaufbau der Stadt und des Tempels zu zahlen. Aber die Collecte fiel nicht glänzend aus, und Esdra berichtet, daß man nicht mehr als ca. 80,000 Thaler zuſammenbringen konnte, um den Tempel wiederherzuſtellen, der der Tempel der ganzen Welt ſein ſollte.

Die Juden blieben Unterthanen der Perſer und wurden Unterthanen Alexander's. Als dieſer König und Eroberer Alexandria gründete, ſtrömten ſie ſchaarenweiſe dorthin, um Geſchäfte zu treiben und zu ſchachern, denn Sinn für Ackerbau und Induſtrie iſt bei dem Volke nie vorherrſchend geweſen.

Nach Alexander's Tode blieben die Juden in Jeruſalem den ſyriſchen, in Alexandria den ägyptiſchen Königen unterworfen, und in den Kriegen Beider waren sie stets die Beute des jeweiligen Siegers.

Unter Antiochus Epiphanes empörten sie sich. Die Stadt wurde noch einmal geplündert und die Mauern zerstört.

Nach einer Reihe ähnlicher Unfälle erhielten sie (ca. 150 Jahre vor der gewöhnlichen Zeitrechnung) von Antiochus Sibetes die Erlaubniß, Geld zu prägen. Sie hatten damals wieder Häuptlinge, welche den Titel Könige führten.

In diesen Zeiten begannen die Römer den syrischen Königen, den damaligen Oberherren der Juden, gefährlich zu werden. Die Juden erkauften eine Art von Unabhängigkeit vom römischen Senat. Die römischen Kriege in Kleinasien schienen das Wiederaufleben des unglücklichen Volkes begünstigen zu wollen; aber kaum fühlte Jerusalem einen Schein von Freiheit, als es bürgerliche Kriege noch weit unglücklicher machten, als es je zuvor in der Sclaverei gewesen war. Als sie die Römer zu Schiedsrichtern in ihren inneren Wirren anriefen, kam Pompejus nach Syrien. Hintergangen von Aristobul rächte er sich, nahm Jerusalem, ließ einige Aufsässige, Priester und Pharisäer, kreuzigen und verurtheilte zuletzt auch den König der Juden, Aristobul, zum Tode.

Immer unglücklich, immer Sclaven, immer widerspenstig, zogen sie sich noch die Waffen der Römer auf den Hals. Cassius und Crassus züchtigten sie, und Metellus Scipio ließ Alexander, den Sohn Aristobul's, den Anstifter aller Wirren, kreuzigen.

Unter dem großen Cäsar waren sie ganz still und unterwürfig. Der berühmte Herodes erhielt von Antonius die Krone Judäa's, aber Jerusalem wollte den neuen König nicht anerkennen, weil er — von Esau abstammte, dem betrogenen, beschwindelten Sohn Israel's, und nicht von Jakob, dem Schwindler und Betrüger. Die Römer unterstützten den König mit einer Armee, und Jerusalem ward wieder einmal gestürmt, geplündert und zerstört.

Herodes stellte Jerusalem wieder her, baute die Werke, welche den den Juden so theuren Tempel umgaben, wieder auf und den Tempel ebenfalls, konnte aber sein Werk nicht beendigen. Ihm fehlten Geld und Arbeitskräfte. Die Juden, welche ihren Tempel liebten, liebten ihr Geld noch weit mehr.

Nach Herodes' Tode wurde Judäa als römische Provinz von einem syrischen Proconsul regiert, obgleich man von Zeit zu Zeit den Königstitel bald an einen Juden, bald an einen Fremden für Geld überließ. So wurde der Jude **Agrippa** König unter dem Kaiser **Claudius**.

Agrippa's Tochter, **Berenice**, die Geliebte des besten römischen Kaisers, beleidigt und beschimpft von ihren jüdischen Landsleuten, zog die Rache der Römer auf Jerusalem herbei. Sie verlangten Genugthuung. Aufstand und Excesse. **Vespasian** und **Titus** leiteten die Belagerung, die mit der denkwürdigen Capital-Zerstörung Jerusalems endete. Was dem Schwert der Sieger entrann, wurde auf offenem Markte als Sclaven verkauft.

Aus diesem kurzen geschichtlichen Umriß geht hervor, daß die Juden von Anbeginn an umherirrend, Räuber, Unterjochte oder Abtrünnige gewesen sind. Frieden, Ruhe, Kultur, Civilisation haben sie als Nation niemals gekannt. Die Tradition, die eigene Tradition, schildert sie als arrogant, unverträglich, sich allein für das einzig berechtigte Volk der Welt haltend und verpflichtet, alle andern Völker mit Feuer und Schwert zu vertilgen. Dabei ohne kriegerischen Geist, furchtsam und feige, verzagt in jeder Widerwärtigkeit, ohne natürliche Hülfsmittel der Vertheidigung, im Angriff nur muthig, wenn Jehovah mit einer Batterie Wunder an ihrer Spitze marschirte,*) allen Lastern fröhnend, sobald der Flammblick ihrer Gesetzgeber und Propheten nicht starr und fest auf sie gerichtet war, erscheint es fast räthselhaft, wie ein solches mit allem religiösen, socialen und politischen Unrath behaftetes Volk im Stande gewesen ist, sich als ein Typus unter den Völkern bis auf den heutigen Tag zu erhalten, ein Räthsel, welches nur die vollständigste Unbefangenheit in Beurtheilung der Verhältnisse zu lösen vermag.

* * *

Wenden wir uns dem jüdischen Gesetz zu. Mit Recht sagt schon Voltaire in seinem Dictionaire davon: „si elle n'était pas divine, elle paraîtrait une loi de sauvages." Die Gebote über den Unterschied „reiner und unreiner Thiere" sind derart, daß man in Zweifel geräth, ob man den Gesetzgeber für verrückt oder nur für einfältig halten soll. — „Was die Klauen nicht spaltet und wiederkäut, ist unrein." Das wird als Motiv angeführt, und u. A. der Haase als Wiederkäuer und Nicht-Klauenspalter registrirt und für unrein erklärt (3. Moses 11, 6). In der Naturgeschichte verhält sich die Sache freilich etwas anders. Ferner ist da von Vögeln mit vier Füßen die Rede, welche unrein sind, und wenn die Juden nicht etwa die Flebermäuse unter die Vögel gezählt haben, so verstehen wir nicht, was damit gemeint sein kann. Den jüdischen Frauen ist an manchen Stellen verboten, den — — mit Pferden und Eseln zu vollziehen, aus welcher Verordnung man schließen muß, daß die Damen zu Moses Zeiten, derlei eigenthümlichen Liebhabereien unterworfen gewesen sein müssen. Die Menschenopfer werden gleichfalls festgestellt

---

*) Charakteristisch ist, daß man die Geschichte der Judith, der Maccabäer, die lehrigen Regeln des Jesus Sirach u. A. in die Reihe der apocryphischen Bücher gestellt hat.

(3. Moses 27, 29,). „Man soll auch keinen verbannten Menschen lösen, sondern er soll des Todes sterben." Dieses kannibalische Gebot findet seine praktische Auslegung im ersten Buch Samuelis, 15. Kapt.: Samuel befiehlt Saul die Amalekiter mit Krieg zu überziehen, weil deren Vorfahren vor mehreren hundert Jahren den Juden den Weg aus Aegypten verlegt hatten. „So spricht der Herr Zebaoth": „Schone sie nicht, tödte Mann und Weib, Kinder und „Säuglinge, Ochsen und Schaafe, Kameele und Esel." Nachdem Saul das ganze Volk der Amalekiter erwürgt hatte, fühlte er Mitleid mit ihrem König Agag und mit dem unschuldigen Vieh, welches besser benutzt werden konnte, als zum Plaisir eines jüdischen Pfaffen geschlachtet zu werden. Da aber lamentirt Samuel und ruft: „Es reut mich, daß ich Saul zum Könige gemacht habe". Und Samuel „verwarf den Saul vor Gott". Samuel „zerhieb den Agag in Stücke" und „trug Leid um Saul", weil dieser nicht ein so vollständiger Kannibale war als er selber.

Das andere eklatante Beispiel ist das Jephta's, der seine Tochter in Folge eines Gelübdes umbrachte. Und dies „ward eine Gewohnheit in Israel". Wenn solche Fälle bei den heidnischen Griechen und Römern vorkommen, so kann man das auf Rechnung ihrer Mythologie schieben, wenn aber das „auserwählte Volk" derlei Moden mit macht, so bringt uns daß auf die Vermuthung, seine Tradition sei hier ein plumpes Plagiat des Heidenthums oder die vollendete Barbarei.

Ein anderes Gesetz, welches unsere Feder sich sträubt, niederzuschreiben, findet man 3. Moses 18, 21, und es deutet dies wieder auf ganz absonderliche Gewohnheiten unter den Juden hin.

Es scheint uns Eins festzustehen. Weit hinaus über die Epoche historischer Präcision, sich in die Nebel der Vorzeit verlierend, stoßen wir bei Berührung mit alten Kulturvölkern auf eine Menschenklasse, im Bezug auf welche die ganze damals bekannte Menschheit einen, wir möchten sagen, stillschweigenden Akkord geschlossen zu haben scheint, sie als **Parias** zu betrachten und zu behandeln. Aus den Nebel der Sage heraus, welcher als vollständig gelüftet eigentlich erst in der Zeit der römischen Triumvirate angesehen werden darf, stellt diese Menschenklasse als Judenthum sich dar.

Aber **wer waren diese Juden, woher stammen sie, welches war ihr erster Ursprung?** Waren sie überhaupt ein **Stamm**, oder waren sie Abkömmlinge und Glieder eines andern **Volkes**? Oder waren sie ein **Complex von Individuen verschiedener Stämme**?

Die biblische Tradition hat hier bis zum Auszug der Israeliten aus Aegypten keinen Werth mehr für uns. Dieses Ereigniß ist das erste, welches auch von andern Autoren (u. A. von Diodor) erwähnt wird. Dennoch neigen wir uns nicht der Ansicht zu, in den Juden nur **aussätzige Aegypter** zu erblicken, sondern halten eine andere Version für wahrscheinlicher, nach welcher durch den **Contact vieler Fremden in Aegypten** eine Pest ausbrach; eine Erscheinung, die noch in unsern Tagen vorkommt, wenn verschiedene Völkerracen durch große Weltereignisse plötzlich mit einander in Berührung kommen. Und so scheint in den Zeiten einer pestilenzialischen Kalamität unter den Aegyptern eine Reaction gegen die zahlreich sich dort, in jenem Lande vorgeschrittenen Kultur, aufhaltenden **Fremden** überhaupt entstanden zu sein, welche ein Zurückdrängen derselben zur Folge hatte. Denn **ungefähr** kann man die Einwanderung von Kadmos und Danaos in Griechenland in die Zeit des Auszugs der Juden aus Aegypten verlegen. Was uns in unserer Vermuthung noch bestärkt, daß die sogenannten Juden ein Gemisch von Abkömmlingen verschiedener Völker waren, ist die

Sage von den 12 Stämmen. Fest zu stehen scheint nur, daß zu irgend einer Zeit ein Haufen Volkes, dessen Bleiben in Aegypten den Aegyptern in sanitätlicher, politischer, national-ökonomischer und socialer Beziehung verderblich war, das Land verließ. Hierin stimmt die biblische Tradition mit den profanen Geschichtsschreibern überein. Ob jener Volkshaufe das Land **freiwillig** oder **gezwungen** verließ, ist eine Streitfrage, die man vom **politischen** oder **religiösen** Parteistandpunkte nach Belieben beantworten mag.

Von diesem Volkshaufen hat sich ein Theil nach Hellas gewandt und dort ein Reich gegründet, dessen Sagen die idealsten Modelle des in vielen Punkten analogen aber plumpen jüdischen Heroenthums uns entfalten. (Wir erinnern nur an Noah und Bachus, Simson und Herkules.) Der nach Hellas gewanderte Theil schwang sich zu einer eminenten Kulturhöhe empor. Poesie, Künste und Wissenschaften strahlten, wo in dem andern Theil der aus Aegypten Gewanderten die plumpe Rohheit eines verschrobenen **theokratischen Fanatismus** vorherrschte. Auch Hellas hatte seine Kriege mit den **Persern**, wie die Juden, aber die Hellinen verstanden zu kämpfen, zu sterben und zu siegen. An die Fersen des andern Stromes der Auswanderung, hatte sich dagegen ein Fluch geheftet. Aber weshalb? Ihrer Eroberungssucht wegen? Andere Völker waren auch Eroberer, gefürchtet, aber nicht verachtet. **Ihrer Religion wegen?** Diese Religion ist nach der Tradition zu fanatisch, zu barbarisch, um verachtet zu werden. Ihrer Gebräuche wegen? Die Vorschriften des jüdischen Gesetzes enthalten eine Unzahl Monstruositäten und Lächerlichkeiten, verdienen aber auch das Gefühl der Verachtung nicht. Die Verachtung pflegte bei primitiven Völkern, wie dies auch noch heute der Fall ist, (z. B. bei den Indianern Amerika's) ihren Grund in Aeußerlichkeiten zu haben. Feigheit vor dem

---

*) "Und zog auch mit ihnen viel **Pöbelvolks**." (Exodus II. 12. 38.)

Feinde, Unreinlichkeit des Körpers u. dgl. Wenn man nun aber die Verordnung Moses im Bezug auf die Vorschriften der Reinlichkeit bei den Juden liest, dieses minutieuseste Reglement, wie es kein Volk der Welt kennt, wenn man die Reinlichkeit als ein göttliches Gesetz hingestellt sieht und dann die Mehrzahl der Juden in natura daneben denkt, dann scheint sich das Räthsel auf eine freilich sehr prosaische und natürliche Weise zu lösen.

Seien wir offen und betrachten wir den Juden in seiner Allgemeinheit in unsern Tagen. Läßt es sich läugnen, daß trotz der strengen Vorschriften, Unreinlichkeit ein vorherrschendes Element der Mehrzahl unter ihnen ist? Und erkennt nicht jedes Volk noch heute den wahren Juden auf den ersten Blick in seinem Gang, Haltung, Manieren; jenes halb wehmüthige, halb komische je ne sais quoi, welches uns auffällt, ohne daß wir ihn in's Angesicht zu sehen brauchen. Die Annahme, daß man es im Anfange mit einem Volkshaufen zu thun hatte, welcher **physisch krank** an der „**unheilbar großen Brüderkrankheit**" oder verwahrlost war, liegt um so näher, wenn man die heroischen Mittel bedenkt, welche Moses anwenden mußte, um mit den Juden eine Kur in der Wüste zu machen, wenn man bedenkt, was für ein Volk das sein mußte, dem sein Gesetzgeber solche wahrhaft drakonische Reinlichkeitsordonnanzen ertheilte!

Uebertreiben wir etwa? — Nein; in den heißen Zonen der Erde trifft man auch in unsern Tagen degenerirte Europäer genug an, welche in Schmutz, Aussatz und Syphilis fast **verkommen**, und denen die **Willensenergie der Reinlichkeit abhanden gekommen ist.**

Jene Plagen des Aussatzes kamen bei den Juden, nachdem sie sich seit Jahrhunderten in Palästina als „Nation" constituirt hatten — zum Schein wenigstens constituirt hatten — wiederholt zum Vorschein, als „göttliche Strafen" für ihre Abtrünnigkeit von den Geboten und es mag der Legende, daß sie schon

2

die Aegypter mit „Läusen" schlugen, immerhin eine typische Bedeutung zu Grunde liegen.

Wir acceptiren daher ohne Zaudern die Annahme, daß die Juden ursprünglich ein Volkshaufen gewesen sind, der unter den civilisirten Aegyptern, anfangs nomadisch von verschiedenen Ländern herstammend sich eingebürgert hat, dem ein besonderes Departement (Gosen?) zum Wohnsitz angewiesen wurde und welches Volk durch sexuelle Vermischungen und sociale Berührungen seiner eigenen Stammsverschiedenheiten mit andern Völkerstämmen sich in jenen, damals degenerirenden Menschenstamm verwandelte. Und in Wahrheit, wir finden noch heute unter den Juden die schön und edel geformten Gesichtszüge des Arabers, die kühnen Adlerphysionomien der Drusen, den wulstigen Typus des Negers, das geschlitzte Gepräge des Tartaren, kurz eine Menge Racen- und Stammeigenthümlichkeiten individuell vertreten, daß man blind sein müßte, wollte man auf ein reines, unvermischtes Urvolk schließen. Außerdem darf man annehmen, daß auf ihren zahlreichen freiwilligen und gezwungenen Wanderungen die Juden die Tradition der Bibel nicht Lügen gestraft haben in Bezug auf sexuelle Abschweifungen, so wenig Moses es in der Wüste verschmähte, sich mit einer Mohrin zu vergnügen.

Der eigenthümliche Volkscharakter der Juden bildete sich erst allmählig aus. Denn was wir aus vorägyptischen Zeiten erzählt lesen, ist Produkt späterer Erfindung, welche der Mythe den zu des Autors Zeiten herrschenden Charakter des Judenthums aufdrückte. Gott, Adam, Abraham, Isaac, Jakob und Joseph sind jüdische Menschen-Typen und wenn es wahr ist, daß Esdra der wahre Verfasser des Pentateuchs ist, so hat er die Patriarchen nach zeitgenössischen Originalen copirt.

Es ist kein Unglück für unsere heutigen Juden, daß dies

so ist, so wenig es für uns Germanen ein Unglück ist, daß unsere Vorfahren wilde, ungeschlachte Tölpel waren. Man muß nur die Tölpelei nicht permanent machen wollen und das Judenthum auch nicht.

Es ist kein Wunder, daß ein Volk, welches ursprünglich zusammengelaufen, degenerirte, und durch eine abstruse Theologie systematisch in dieser Degeneration erhalten wurde, der Verachtung anheimfiel. Und es ist nicht nur möglich, es ist sogar wahrscheinlich, daß diese Degeneration mit dem Aufhören des Judenthums auch bei den Juden ihr Ende erreicht.

Wir wollen den Beweis sogleich kurz und schlagend vorweg liefern.

Zur Zeit ihrer höchsten Blüthe, zur Zeit Salomons waren die Juden nicht halb so zahlreich, als sie jetzt sind, wo sie, in alle Welt zerstreut, wenigstens zum Theil, ihre exeptionelle Stellung, ihre Exclusivität aufzugeben gezwungen sind.

Aber es ist nicht leicht, einen Jahrtausende alten Aussatz zu heilen, es bedarf dazu einer Operation — die Aufhebung des Judenthums. Das böse Geschwür der Exclusivität eitert heut zu Tage nicht mehr so stark, als früher, aber es ergänzt sich inkrustirend fortwährend in der Aufrechthaltung eines „Thums," auf welches kein nur einigermaßen gebildeter Jude Ursache hat, sich Etwas einzubilden. Mit der Erziehung, der specifisch jüdischen Erziehung, erhält sich der jüdische Charakter nothwendiger Weise. Mit der Lebensweise, den Gebräuchen, den specifisch jüdischen Gebräuchen, pflanzt sich die Physiologie des Judenthums weiter fort. Gegen beides reagirt unser ästhetisches und physisches Gefühl. Es ist dies ein Naturgesetz, welches wir durch alle Abstractionen nicht wegdisputiren können. Wir haben uns versucht, durch die Phrase zu berauschen, wir haben die ganze Epoche der Emancipation mit durchgemacht und redlich für dieselbe mit gekämpft, aber wir haben uns selbst künstlich in eine generelle Sympathie hineingelogen, die wir nicht empfanden, nach den Naturgesetzen nur für die Einzelnen empfinden konnten, so lange im Aeußerlichen und Innern ein auf Sinn und Geist prägnant wirkender Gegensatz zwischen Jude und Nichtjude existirt.

Der intelligente Theil der Juden empfindet dies noch schäfer als wir. Es ist ihm fatal, „Jude" zu sein. Er bleibt es, der eine aus Gewohnheit, der andere aus Pietät gegen seine Eltern, der dritte aus Esprit de Corps, ein vierter aus Caprice u. s. w. Die Selbstironie ist ein Attribut des intelligenten Juden. Nicht jene widerlich prahlende Eitelkeit, die in Restaurationen mit Ostentation Wurst und Schinken fordert, nein, von diesen Karrikaturen, diesen „Reformjuden" reden wir nicht, sondern von der kleinen Anzahl wahrhaft freier Menschen, welche vollständig indifferent gegen alles Sectenthum ihren eigenen Weg wandeln und ungesucht, unabsichtlich, unaufbringlich, selten, aber zur rechten Zeit documentiren, daß sie keine Juden sind.

Haben aber die Juden in ihrer Totalität bereits einen Standpunkt erreicht, der sie der Emancipation reif macht, der sie namentlich zur politischen Gleichberechtigung befähigt?

Ohne Rückhalt antworten wir: Nein.

Man wende nicht ein, das sei die Schuld der Christen. Der christliche Staat hat die Juden überkommen in einem Zustand, in welchem er gegen sie als gegen eine Minorität nothwendig reagiren mußte. Es ist nicht unsere Schuld, daß die Juden in Palästina verkommene Subjecte geworden sind. Der „Judenhaß" der Vergangenheit war überall im Abendland nur zum Schein religiöser Natur, in Wahrheit war er in der Natur begründete Abneigung gegen die der

Juden anklebenden Eigenthümlichkeiten, welche eine negatives Element zu den unsrigen bilden. Die Religion war immer nur der heuchlerische Vorwand eines verletzten ästhetischen Gefühls, ungefähr wie der amerikanische Pflanzer die Sclaverei der Neger aus dem Christenthum zu rechtfertigen sucht. Man verbrannte in Spanien die getauften Juden so gut wie die ungetauften, ja, erstere mit noch größerer Vorliebe. So lange diese Eigenthümlichkeiten nicht gehoben sind, ist eine Sympathie für das Judenthum naturgemäß unmöglich. Wo sie existirt, ist sie an gekünstelt, kann und wird nicht von Dauer sein, muß und wird eine Reaction über kurz oder lang unfehlbar nach sich ziehen.

Historisch haben die Juden kein Recht uns einen Vorwurf zu machen. Das „auserwählte Volk Gottes" hat in einem Jahre seines staatlichen Bestehens als solches Tausendmal mehr unschuldige Menschen, die ihm absolut nichts zu Leibe gethan, geopfert, als in tausend Jahren Juden geopfert werden konnten, wenn man das reichste Opferjahr der Inquisition als Maßstab für jedes der tausend Jahre statuiren wollte. Die Juden haben Gräuelthaten en gros an andern Völkern vollbracht; die Christen Gräuelthaten en detail an den Juden. Diese Rechnung mag immerhin historisch als quittirt gelten.

Politisch haben sie eben so wenig ein Recht, so lange sie ihre „Nationalität" nicht aufzugeben entschlossen sind. Es klingt wie eine triviale Possenreißerei, einen Juden, der heute in seinem Tempel z. B. das Purimfest feiern hilft — das Gedenkfest der großen Schlächterei des Herrn Mordachai an 75,000 Persern und Medern!! — morgen in einem Club oder in einer Ständeversammlung von den Rechten des deutschen Volkes reden zu hören! Die Religion des Judenthums ist zu specifisch-national-jüdisch angelegt und anerkannt um den Juden als Juden vernünftigerweise die Gleichberechtigung zuerkennen zu dürfen.

Aber, wendet man ein, hat sich dieser Geist denn wirklich erhalten im Judenthum? — Antwortet man mit Nein, dann

fragen wir entrüstet, wozu denn diese das Menschlich-
keitsgefühl beleidigende Symbolik noch aufrecht erhalten?!

Doch er hat sich erhalten, so weit es ihm materiell
möglich war, sich erhalten zu können.

Es ist notorisch, daß die Juden, ultraradikal in ihrer
Mehrheit vor der Emanzipation, nach derselben schaarenweise
in's Lager der Reaction oder des doctrinären Justemilieu über-
gelaufen sind, daß ein Jagen und Drängen nach Staatsstellen
unter ihnen vorherrscht, daß sie sich zum willigen Werkzeug der
machthabenden Mittelmäßigkeit herabwürdigen. — Das exclusive
Wesen hat sich vollständig erhalten. Als in Hamburg ein
Jude zum Obergerichtsrath erwählt wurde, äußerte ein
Freund von uns sehr treffend: „Sehen Sie, ganz Israel ist
„besoffen, nicht etwa weil ein Mann von Talent die Stelle er-
„halten, sondern weil der Mann ein Jude ist." Der Jude war
die Hauptsache und Israel besaß nicht den allergewöhnlichsten
Takt des freien Menschen- und Staatsbürgerthums, die
Unterschiedlosigkeit der Religion als selbstverständ-
lich anzuerkennen. Der Pöbel mag lärmen und Excesse
treiben, wenn er aus dem Gefängniß kommt, der geistig freie
Mann handelt unwürdig, die ihm geschenkte Freiheit zu
bejubeln.

Es ist ein Fact, daß die Juden in der großen Mehrzahl
uns im Stiche ließen bei allen Bestrebungen, die sie mit uns
theilten, nachdem sie ihre Emanzipation erlangt hatten. Es ist
noch heute das Verfolgen des ausschließlich persönlichen In-
teresses, das stets nur stillschweigend bedingte Sichanschließen
an eine Sache, das Ausbeuten jeder Situation für sich selbst,
welches das Judenthum charakterisirt. Die Eitelkeit drängt
sie in den Vordergrund, die Furcht treibt sie zurück bei der
mindesten Gefahr, das Interesse bestimmt ihre Beharrlichkeit,
ihre Ausdauer bei der Fahne. Das ist die Regel.

Im bürgerlichen Leben ist es kein Haar anders. Entritt

man mit einem Juden irgend ein complicirtes Geschäft, so kann man sicher sein, daß sogleich Verwandte und Bekannte bei der Hand sind, um indirekt ein Theilchen davon zu erhalten.

Im socialen Leben freundlich und zuvorkommend im Anfang der Bekanntschaft, den Mäcen à bon marché spielend, sich mit Berühmtheiten putzend und abfallend, wenn die Neugier oder Wißbegier befriedigt ist. Oberflächlich im Urtheil, widerspruchssüchtig, um zu widersprechen, wenn er bei dem Widerspruch irgend eine Autorität hinter sich hat, auf die er sich berufen kann. Geplagt von der Sucht, den Ton anzugeben in Kunstsachen, ohne den geläuterten Geschmack dafür zu besitzen. Allem ernstern, tiefern Studium abhold, jedem Virtuosenthum entgegenjauchzend — das ist die Stufe, auf der die Mehrzahl der modernen Juden steht. Neidisch, klatschsüchtig unter einander, führt sie das Gefühl ihrer Minorität und die Reminiscenz der Vergangenheit stets zu einer geschlossenen Phalanx zusammen, sobald einem „ihrer Leute" von einem Nicht-Juden zu nahe getreten wird, sei es in politischer oder in socialer Beziehung. Ist die vermeintliche Nothwendigkeit der Cotterie beseitigt, dann geht sie auseinander und die innere Zerfahrenheit tritt wieder in den Vordergrund. Wie sonst kokettiren sie einzeln noch mit allem Fremdartigen, und wie sonst ballen sie sich zusammen, sobald sie ihr exceptionelles Judenthum bedroht wähnen. Die Form ist nach beiden Seiten hin milder geworden, weil sie die materielle Stärke nicht mehr als Nation besitzen, das Wesen ist dasselbe geblieben, wie zu den Zeiten Esther's und Mordachai's.

Andere Zeiten, andere Sitten. In der Tradition war es eine Lebensnothwendigkeit der Juden, überall in ihnen fremdartige Elemente gewaltsam einzufallen, dieselben zu zerstören oder sich dienstbar zu machen. Dieser Trieb ist ihnen auch in der Zerstreuung geblieben. In jeden Clubb, in jede Association suchen sie einzubringen. Anfangs einzeln; sobald aber die Einzelnen festen Fuß gefaßt haben, bringen die Uebrigen en masse nach und durchdringen den ganzen Körper mit ihrer Specialität. Es ist eine auffallende und interessante Erscheinung, daß rein jüdische Reunions und Clubbs, nach feststehenden Statuten organisirt, jetzt, wie selbst vor der Emancipation wenig oder gar nicht bestanden, so wenig wie der jüdische Staat der Tradition sich jemals lebensfähig gezeigt hat. Und es ist nicht das Anschlußbedürfniß des Menschen, welches sie in sociale und politische Vereinigungen Anderer, Nichtjuden, hineindrängt, denn dieses rein menschliche Anschlußbedürfniß existirt bei den Juden unter einander nicht, wo es die „Stammverwandtschaft" doch erleichtern sollte; es ist vielmehr der angeborene Trieb, Fremdes zu inficiren. Der jüdisch-menschliche Anschluß wurzelt vorzugsweise in der Familie, als der Institution, welche von dem Partikularismus sich am wenigsten entfernt. Die Familie war dem Juden in den modernen Zeiten seiner Leiden und Drangsale der Ort der Récréation, daher es kein Wunder ist, wenn die Gatten- und Elternliebe bei ihnen krystallisirter auftrat, als bei den Christen, wenn sie uns sogar in dieser Hinsicht mit Recht als Muster aufgeführt werden.

Nun ist es aber Thatsache, daß jede sociale Union, in welcher die Juden neben den Christen eine Art von Präponderanz erhalten, ohne Bestand ist. Die Ursache ist kein religiöser Judenhaß von Seiten des einen Theils, ein solcher existirt bei keinem gebildeten Menschen; sondern es ist das Fremdartige des Wesens selber, welches, wir möchten sagen „chemisch", sich nicht verträgt und die Auflösung des Körpers durch einen, wir möchten sagen „anorganischen", Proceß herbeiführt. Die Sitten, Gebräuche, die Manieren des wahren Juden harmoniren auf die Dauer nicht mit den unsrigen. Unser Ohr sträubt sich gegen das Anhören des s. g. „Mauschelns", unser Auge wendet sich ab von der uns fremdartigen Erscheinung, unsere Sinne rebelliren gegen unser Herz, und wir haben nur die Wahl, unsere Sinne den Juden zu Liebe zu kasteien, oder, ihnen unser abstractes Herz zurücklassend, uns mit unseren Sinnen zu entfernen. — Ist dieses Gefühl etwa nicht richtig, dann folgte daraus, daß eine ungeheure Majorität von Menschen verpflichtet wäre, ihre „Eigenthümlichkeiten" — so wollen wir es immerhin nennen — den Eigenthümlichkeiten einer kleinen Minorität zum Opfer zu bringen. Allein das ist nun einmal schnurstraks wider die menschliche Natur, und wir mögen die Sachen drehen und wenden, wie wir wollen, immer kommen wir wieder auf den Punkt, wo wir eingestehen müssen, nicht dieser oder jener Jude, sondern das Judenthum ist uns zuwider.

Auffallend ist es, wie das Judenthum mit den Jahren specifischer wird. Wir haben junge Leute gekannt, welche absolut nichts Jüdisches in ihrem Wesen und Manieren hatten. Sie verheiratheten sich, kamen weniger mit Nichtjuden in Berührung, waren mehr dem Einfluß „ihrer Leute" ausgesetzt, und Gang, Haltung, Manieren änderten sich; die Sprache selbst fiel mit den Jahren in das unleidliche „Mauscheln" zurück. Die Menschen waren nicht wiederzuerkennen.

Man vergleiche die Juden in den einzelnen Ländern. In Polen blüht das allerspecifischste Judenthum, der jüdische „Aussatz", der — bei rigoureuser Orthodoxie — allen Reinlichkeitsgesetzen spottet. Dort ist das Judenthum als solches am selbstständigsten. Es ist Palästina in russische Juchten eingebunden.

Dagegen tritt es in Nordamerika, wo das gewaltig praktisch pulsirende Leben Alles mit fortreißt, weit weniger, und im Vergleich mit Polen fast gar nicht scharf hervor. Denn in Nordamerika darf der Mensch officiell Nichts weiter sein als — Staatsbürger. Der nordamerikanische Staat als solcher erkennt keine Juden an. Unsere Emancipation ist eine heuchlerische Lüge. Wir erkennen das Judenthum an ohne Reciprocität. Wie kann man emancipiren wollen, was man als Object anerkennt! Man kann den Menschen emancipiren, nicht den Juden. Die Emancipation des Juden liegt in ihm selbst; es ist die — **Selbstemancipation vom Judenthum.** Der christliche Staat hat die Juden daher eigentlich nicht einmal emancipirt, er hat nur dekretirt, daß ein Element, welches unserer Natur nicht zusagt, das Recht habe, uns zu belästigen. Lassen sich Gefühle, Ansichten, Vorurtheile durch Dekrete aufheben? Niemals. Die Abneigung, welche man gegen den Juden empfindet, hat ihre Ursache in dem Wesen des Judenthums. Die Abneigung ist nur eine Wirkung. Um die Wirkung aufzuheben, muß die Ursache gehoben sein.

Woran liegt es denn, daß auch wir täglich mit Menschen verkehren, welche statt der Taufe die Beschneidung erhalten haben? Daß diese Menschen mit uns in geschäftlicher Verbindung stehen? Daß sie unsere Freunde, unsere Dutzbrüder sind? — Weil wir in ihnen den Menschen, den Gentleman kennen gelernt haben, ohne daß irgend eine Specialität einen Laufgraben um unsere Bekanntschaft zog. Weil diese Menschen Nichts Jüdisches an sich hatten.

Nun wohl; der Franzose wird es uns nicht übel nehmen, wenn wir ihn ruhmsüchtig, ehrgeizig bis zur Eitelkeit, flatterhaft in der Liebe nennen.

Der Engländer ballt nicht die Faust, wenn wir ihm das Steifpedantische, das Spleenige seines Wesens vorhalten.

Der Spanier verliert seine Höflichkeit nicht, wenn wir ihm seine affectirte Grandezza nachmachen.

Der Deutsche vergießt keine Thränen, wenn man ihn das unpraktische Philosophenvolk nennt, und die groben Wahrheiten, welche ein getaufter Jude, Ludwig Börne, uns sagte, haben wir zu den **Klassicitäten** gestellt, auf welche wir stolz sind. Diese **Börne'schen Schriften** sind uns ein **Evangelium** geworden.

Und wir sollten nicht einmal von den **Eigenthümlichkeiten einer „Nation"** reden dürfen, von welchen **alle Völker ohne Ausnahme unangenehm berührt werden**?! Freilich, auf **jüdischem** Standpunkt, auf dem Standpunkt des Volkes, welches speciell und direkt mit Jehovah Handelstractate und politische Verträge schließt, welches die ganze Welt verachtet und nur sich das auserwählte Volk dünkt — ist das ein Verbrechen. **Der jüdische Dünkel erträgt keine Kritik.** Er, der um zeitlicher Güter, Nachkommenschaft und Ländereien willen bereit ist, in **Abraham** den Todtschlag des eigenen Sohnes, als eine a conto Zahlung des mit Gott zu schließenden Geschäfts, zu versuchen; er, der die Aegypter bestiehlt mit Gottes Erlaubniß; er, vor dem der Mond stille steht, das Meer zurückweicht, der Jordan seine Wellen zur Chaussée werden läßt; er, dem der Kuppler und Blutschänder **Abraham** ein Patriarch, dem der blutgierige Lüstling **David** eine Autorität, der liederliche **Salomo** ein Vorbild der Tugend und Weisheit ist; er, der alle Völker, welche anders dachten als er selber, bereit war zu morden und jede Barmherzigkeit eines **Saul** zur Gotteslästerung machte; — er muß uns fluchen und er wird uns fluchen, wenn wir sein Wesen und seine Eigenthümlichkeiten als solche bezeichnen, oder er würde aufgehört haben, Jude zu sein.

Diese Eigenthümlichkeiten lassen sich nicht wegdisputiren. Sie treten selbst bei den reichen, materiell völlig unabhängigen Juden zu Tage. Die „reichen Jüdinnen" sind in Badeorten sprüchwörtlich geworden. Der jüdische Reichthum ist aufbringlich, ostentieus, fratzenhaft, geschmacklos überladen. Die edle plastische Einfachheit ist ihm fremd. Die Toilette ist ein Werth-Bazar; eine jüdische Modedame führt ihre Juwelen spazieren. — Bei dem männlichen Theil ist es die bekannte Süffisance, das affectirte Kavalierwesen, bei dem aber aus jeder Naht der orientalische Typus heraussieht. Freundlich und zuvorkommend, so lange er Etwas erreichen will, hochmüthig und abstoßend, wenn er ein Recht zu fordern hat, kalt und zurückhaltend, wenn sich eine Speculation zerschlagen hat.

Im Handel sind Banquiergeschäft und Staatspapiere Nummer Eins, dann folgt das Fach der Manufacturen. In Speculation und Disposition ist er Meister, in eigentlicher Arbeit ein Stümper. Als Stückverkäufer excellirt er. Es ist keine Uebertreibung, wenn wir sagen, in jedem „Karrenjuden" liegt der Stoff zu einem Millionair. Aber selbst im Handel klebt ihm die Jehovah-Tradition an. Er muß dem Glück das meiste zu danken haben. Die Zeit, die er verschwendet, um den Bruchtheil eines Groschens zu retten, würde ihm als Tagelöhner mehr einbringen, als der Unterschied im Gewinnst beim Schacher. Er holt es durch Entbehrung nach. Der arme Jude kennt keinen Lebensgenuß; ihm ist keine Erholung vergönnt, weil er selbst sie sich nicht gönnt. Er führt ein jammervolles, mitleiderregendes Dasein, so lange Jehovah nicht mit dem Glück in die Bucht springt. Wo die Verhältnisse, in denen der Jude lebt, anders gestaltet sind, da ist auch er anders. In Paris, Wien, Berlin, Hamburg u. s. w. sind die reichsten Leute Juden. In Nordamerika, wo die Arbeit, das angestrengte Ringen nach Erwerb allein den Reichthum schafft, existirt keine eigentliche „jüdische Geldaristokratie". Dort hat Jehovah seine Macht verloren.

Der Jehovanismus der Juden, d. h. die Hoffnung auf das Wunder, der Zufall findet keinen bessern Beleg, als — im Lotteriewesen. Der Collecteur ist der Compagnon des Zufalls. Mit wahrer ameisenartiger Thätigkeit arbeitet der Jude in diesem Fach, wo er der Göttin Fortuna den Hof machen kann, wo seine Thätigkeit das Capital ist, welches ihm **unberechenbare Zinsen eintragen kann.** Jehovah muß ihm auch hier helfen. Sein Name wird in den Devisen der resp. Collecten angerufen. Die spannende Aufregung der Glückschancen ist bei ihm, wie bei dem Tröbeljuden vorhanden, der beim Spazierengehen Eure alten Lumpen kauft und die Lumpen wieder zu Ansehen bringt. Den Kreislauf des Lebens eines alten Paletots zu combiniren, dazu gehört Scharfsinn, Schlauheit und Devinationsgabe, und wir begreifen es psychologisch vollkommen, daß dies Geschäft ein Lieblingsmétier des armen Juden ist. Die Concurrenz in diesem Artikel ist eine freie; woher kommt es nun, daß die Menschen abendländischen Ursprungs dem Juden sogar keine Concurrenz in diesem Fache machen, da doch gewiß zum bloßen Vergnügen der nichtjüdische Arbeiter sich nicht körperlich plagt und quält? Es ist das modernisirte **Nomadenthum des Stammes,** das sich in anderer Form erhalten hat. Es ist eine typische Eigenschaft des Juden. Es ist der Vorzug, den er der **Chance** giebt vor der **methodischen Thätigkeit.**

Daß die Juden einem andern **Menschenstamm entweder angehören,** oder zu einem solchen **geworden** sind, wird Niemand läugnen.

Wir neigen uns zu der letztern Ansicht und weisen die jüdische Sage von der Erschaffung der Welt an bis zu der Völkerwanderung aus Aegypten in das Gebiet der Mythe, weil dieser jüdische Mythos analog ist dem Mythos anderer Völker über diese Materie. Wir accentuiren daher den **Körperbau der Juden nicht als eine Stammeseigenthümlichkeit.** Das „schwammige Fettgewebe", die „unrichtig an der Hüfte eingesetzten Schenkel", die „tiefen Knöchel", der „Plattfuß", die „einwärts gebogenen" oder „krummen Knien" läugnen wir als Ursache der unschönen Bewegungen „so vieler Juden" nicht unbedingt weg,*) aber wir erklären sie als Wirkung einer

---

*) Vergl.: »**Die Juden und der deutsche Staat.**« Berlin, Nicolai'sche Buchhandlung.

Vermischung aller möglichen, zur Zeit der Pharaonen bekannten, Aegypten bewohnenden Völkerstämme, von denen die jüdische Tradition allein zwölf für sich in Anspruch nimmt.*) Selbst wenn man das Mährchen von den zwölf Söhnen Jakobs gelten lassen und also annehmen wollte, daß dieses Geschlecht sich Jahrhunderte lang durch die eigene Blutverwandtschaft **fortgepflanzt habe**, (in welchem Falle allerdings die Descendenz **physisch** verkommen sein müßte!) selbst dann erzählt uns die Tradition, wie die Kinder Israel später, Moses inbegriffen, nach Rechts und Links hin in allen Couleuren den Begattungsprozeß vornahmen. Aus der gegenwärtigen theilweisen Osteologie der Juden daher auf ein absolut **specifisches Judenthum als Urstamm** schließen zu wollen, ist **wissenschaftlich hinfällig**.

Es bleibt also nur folgendes übrig: **Die Juden sind ein Mischlingsvolk mit stark vorherrschend kaukasischem Typus**. Das Wort „Jude" war ein Schimpfwort lange ehe es Juden als Nation gab. Es war angeblich der Vorname eines von Jakobs Söhnen. Das gelobte Land hieß Kanaan. Erst nach der Trennung der Stämme entstand der geographische Begriff Juda und Israel. Man darf also dreist annehmen, daß die Juden den Namen „Juden" acceptirten, ungefähr in derselben Weise, wie der Name „Geusen" von den Niederländern acceptirt wurde. Ein **raçenreines Judenthum** läßt sich weder **historisch nachweisen**, noch **traditionell aufrecht erhalten**. Das Judenthum hat sich seit der letzten Zerstörung Jerusalems nur unvermischter erhalten als andere Völker. Der Prophet Hesekiel erzählt im 23. Kapitel ganz ausführlich, indem er die Königreiche Juba und Israel zwei Huren nennt, welche Buhlschaft

---

*) Man sehe z. B. dagegen den Juden in Italien, wo er, unzweifelhaft mit romanischem Blut vermischt, wirklich körperlich schön genannt werden kann.

1. in Aegypten (schon „in ihrer Jugend", also vor dem Auszuge),
2. mit den Assyrern,
3. mit den Aegyptern (als Fortsetzung),
4. mit den Babyloniern,
5. mit den Chaldäern (in welche die Jüdinnen sich beim Anblick deren „rothgemalten Bilder an der Wand" verliebten), theils getrieben hätten, theils noch trieben.

Daß diese Galanterieen der jüdischen Frauen ohne Folgen geblieben wären, wird nicht behauptet, wohl aber erzählt uns Hesekiel Vers 37: daß die Jüdinnen ihre eignen jüdischen Kinder den fremden Götzen zur Liebe verbrannten, vermuthlich weil sie von ihren fremden Liebhabern sich Mutter fühlten. Hesekiel erzählt diese Geschichten zwei Mal, das erste Mal, fast eben so ausführlich im 16. Kapitel.

Der letzte traditionelle Zweifel, daß die Leute, welche sich später „Juden" nannten, eine Mischlingsraçe sind, schwindet, wenn man so gut sein will, sich zu erinnern, daß Joseph eine Aegypterinn, Asnath, die Tochter Potipheras eines ägyptischen Priesters (!) zur Frau hatte, die ihm zwei Söhne, Manasse und Ephraim gebar. Diese Mischehe eines jüdischen Heiligen schlägt jeden Zweifel nieder, und Tradition und Wissenschaft reichen einander versöhnt die Hand über die Thatsache, daß unsere Juden weder ein Volk par excellence, noch eine Nation sind.

Diese Kreuzungen mußten naturgemäß geringer werden von dem Augenblick an, wo der Rest der Juden nach der letzten Zerstörung Jerusalems, vollends in alle Welt hinein zerstreut und wo sie überall gleichmäßig verachtet wurden. Ward doch durch christlich-mönchischem Fanatismus der Coitus eines Christen mit einer Jüdin, häufig mit dem Scheiterhaufen bestraft. In solchen geplagten Situationen war es aber kein Wunder, wenn das Generelle des Juden sich ziemlich auf dem Standpunkte erhalten hat, den es zu Titus und Vespasians Zeiten inne hatte, und was seither sich am Juden trotz des Judenthums veränderte und veredelte, ist klimatischen und localen Verhältnissen zuzuschreiben.

Diese Verhältnisse aber können nie absolut wirken, sondern höchstens modificiren. Ein Indianer wird in allen Generationen den Indianertypus nicht verläugnen, ein Neger nicht den Negertypus. Eben so wenig die „Spielart" morgenländischer Völker, welche man „Juden" nennt, den ihrigen. Die Veredelung, d. h. die Emancipation muß das abstrakte Feld verlassen und in eine konkrete fleischliche Vermischung übergehen. Jehovah thut keine Wunder mehr.

* * *

An diesem Scheidewege stehen wir jetzt.

Der Jude ist im modernen Staate verhältnißmäßig das geblieben, was er im antiquen Staate seiner eignen Tradition war. Er ist unproduktiv in Allem, was über den Horizont des engherzigsten Partikularismus hinausgeht, — so lange er im und am Judenthum haftet. Diejenigen Juden, welche sich taufen lassen, ohne materielle Vortheile zu erringen oder zu hoffen, thun es nicht aus religiöser Ueberzeugung, sondern aus einem rein — lobenswerthen — aesthetischen Gefühl. Religiös würde der Jude bei jedem Glaubenswechsel nur im Nachtheil sein, denn nicht leicht findet sich ein Gott so specifisch jüdischer Natur, so parteiisch für die Juden, rachsüchtig gegen ihre Feinde, so coulant und tractable im Geschäft, wie Jehovah. Die Gottesidee des Juden wird bei jedem Religionswechsel abgeschwächt, bepersonalisirt. Der Materialismus Jehovah's kann nur in dem menschlichen Materialismus eine Entschädigung finden. An diesem menschlichen Materialismus sind aber gewisse Bedingungen geknüpft, die der Jude, als Jude nicht erfüllen kann;

das Ein- und Aufgehen in die Form und das Wesen der Majorität im Staate.

Wir erklären es daher unumwunden für das unglückliche und verunglückte Produkt der Phrase der Ideologen, den Grundsatz der Gleichberechtigung des Juden zu Staatsämtern praktisch zur Geltung gebracht zu haben. Ein orthodoxer Jude, ja ein Jude überhaupt als plenipotentiairer Minister gedacht, würde nach vierzigjähriger Amtsführung uns zur Auswanderung in die Wüste gebracht haben. Die Regierung könnte nicht anders, als exceptionell und exclusiv werden, es müßte denn der Herr Minister damit anfangen, Sitten, Gewohnheiten, Gebräuche, Manieren des Juden aufzugeben, folglich ganz Israel sich zum Feinde machen, folglich aufhören Jude zu sein. Wie im Großen, so im Kleinen, in den einzelnen Departements. Weder in die Justiz, noch in die Administration taugt das jüdische Element hinein, als maßgebender Einfluß, kurz in kein besoldetes Staatsamt, wo das Geld als Aequivalent für Leistungen gezahlt wird, welche im Sinne einer Majorität zu beschaffen sind, die mit ihrem ganzen Wesen, dem Wesen des Juden diametral entgegensteht, keine naturbegründete Sympathie mit dem Juden empfindet. Der Staat hat nicht nöthig, speciell zu prüfen, in wie weit der Eine oder der Andere quantitativ noch im Judenthum stecken, er hat das Recht und die Pflicht, von seinen Beamten ganz prägnant normal ausgeprägte Wesenheiten im Sinne der Bedürfnisse der Majorität der Staatsbürger zu verlangen, keine Zweibeutigkeiten.

„Daß die Juden sind wie sie sind, ist eine Folge der langen Knechtschaft;" hören wir abermals einwenden. Wenn das der Fall wäre, so wollen wir aber, die wir keine Juden sind, nicht für „die Sünden der Väter" büßen. Wir wollen ihnen aber die Mittel an die Hand geben, sich zu ändern, und hoffentlich werden die Juden die Arroganz nicht so weit treiben, zu behaupten daß ihre Vergangenheit von Osarsiph's Zeiten an bis auf den heutigen Tag spurlos bei ihnen vorübergegangen sei.

Die Juden haben als Menschen das Recht, sich im Staate Gehör zu verschaffen — die Theilnahme am allgemeinen Wahlrecht. Sie haben ein Recht, es im partikularistisch jüdischen Sinne zu benutzen und mögen sehen, wie weit sie damit kommen. Will die Majorität indirekt, mit Hülfe des allgemeinen Wahlrechts, Juden in die Executive, die Justiz, die Verwaltung delegiren, so müssen wir uns bescheiden und werden uns bescheiden, denn das Wahlrecht ist der Prüfstein der Kulturstufe der Völker. (Es giebt aber schon jetzt eine Menge Juden, welche dies allgemeine Wahlrecht aus leicht zu errathenden Gründen verdammen.) Aber — in einem freien Staate hat der Staat dagegen das Recht, Garantieen zu verlangen, daß der Angestellte nicht in's Judenthum zurückverfalle. Das Judenthum als solches kann diese Garantieen nicht geben, und es bleibt uns nur das Vorbild Nordamerikas, um aus diesem Dilemma herauszukommen.

Ein weit besseres Mittel, Euch zu emancipiren, ein **logisch richtiges**, durch und durch **humanes** und **praktisches** Mittel haben Euch daher jene Männer in Hamburg gegeben, welche von Euch verlangen, **Euer specielles partikularistisches Gemeinde-Bürgerthum neben dem Staatsbürgerthum aufzugeben, dasselbe zu Gunsten des letzteren zu opfern, Euern Tempel zu liquidiren und Euern Cultus zu einer reinen Privatangelegenheit zu machen.**

Hiermit ist ein menschliches Princip — zum ersten Mal seit es ein Judenthum giebt — von Juden — denn jene Männer gelten in der Welt als „Juden" — ausgesprochen. Mit der Auflösung Euers Gemeindeverbandes fällt das bürgerliche Vorurtheil gegen Euern ganzen Stamm; mit der Aufhebung Eures Cultus als „Staatskirche" en miniature tretet Ihr principiell aus Eurer exeptionellen Stellung heraus, und der nicht dem jüdischen Gemeindeverband — denn dieser ist exklusiv — Angehörende ist voller Staatsbürger. Die Annäherung an die Assimilirung mit Euern abendländischen Mitbürgern ist unvermeidlich geworden und es kann nicht fehlen, daß der Kreuzungsproceß, welcher vor dem Judenthum in Aegypten bereits existirte, wieder aufgenommen wird, diesmal zur Kräftigung, zur Veredlung Eures Volkes, welches unberührt von Kopten, Mauren, Chaldäern, Babyloniern, Assyrern und Negern bleiben wird. (Denn daß sich auch Negerblut in Euern Stamm einzuschmuggeln verstand, werdet Ihr nicht leugnen.) Und es ist eine solide, eine wissenschaftlich begründete und naturgemäß feststehende Emancipation, welche wir Euch anbieten. Eine ehrliche Emancipation, kein larmoyanter Judenschmerz, kein schmachtendes Debohrahthum.

Und Euer eigenes Gefühl sagt uns, daß wir Recht haben. Kein getaufter Jude erinnert sich gern daran, daß er Jude war; selbst jeder Jude sucht unter nichtjüdischen Leuten zu cachiren, daß er Jude ist. Das ist keine falsche Scham, das ist ein in dem bessern Theil Eures menschlichen Ichs unentweiht gebliebenes Gerechtigkeitsgefühl, welches Euch laut mahnt, daß es, wenn auch kein Verbrechen, doch einen Fehler ist, in der Civilisation und Kultur des neunzehnten Jahrhunderts noch Jude zu sein. Der Kritik kommender Zeiten mag es vorbehalten sein, uns Germanen, Romanen ꝛc. ꝛc. in eine ganz ähnliche Lage zu bringen! — —

* * *

Und nun?

Wir haben Euch einen Spiegel vorgehalten von dem,

was Ihr wart und von dem, was Ihr seid. Ihr könnt nicht sagen, daß wir mit zu grellen Farben gemalt, denn wir haben das Glimpflichste aus Euren eigenen Traditionen, dem moralischen Fundament Eures Judenthums benutzt und haben Euch gezeigt, daß Ihr, als Juden, ein unfähiges, verfolgendes und verfolgtes, plagendes und geplagtes, verachtendes und verachtetes Volk wart, seid und es bleiben werdet, so lange Ihr eben „Juden" bleibt.

Aber Ihr hofft vielleicht noch auf den „Messias?"

Woran wollt Ihr ihn erkennen? Daß er Mord und Brand predigt, wie Euer Hohepriester in Kanaan? Daß er unsere Erstgeburt schlägt und das Land mit Plagen heimsucht à la Moses?

Unsere Regierungen sind nicht mehr so einfältig, wie die Pharaonen. Sie würden einen solchen Moses Secundus einfach hängen lassen, statt Controversen mit ihm darüber zu halten, ob er im Namen Jehovahs das Land verwüste oder nicht.

Nach Palästina würdet Ihr schwerlich auswandern, um dort einen Musterstaat zu gründen, auch wenn man Euch ganz Syrien schenkte. Und Ihr habt Recht.

Soll es die friedliche Propaganda eines etwaigen Zukunftsmessias möglich machen Euch zur Herrschaft zu verhelfen? Gut, denn macht ihm keine Schande, stoßt die Emancipation rasch von Euch und sorgt, daß er ein wohldisciplinirtes Heer orthodoxer Juden vorfinden möge!

Aber was denn sonst?

Das Wunder?

Nun darauf lassen wir es ankommen, ob Jehovah im neunzehnten Jahrhundert noch ein Wunder thut für Euch, die Ihr mit den „Unreinen" tagtäglich verkehrt, die Ihr Eure Satzungen, an denen Euern Gott Alles liegt, nicht einmal mehr vollständig halten könnt, auch wenn Ihr sie halten wolltet.

Wir verstehen es nach Euern Antezedentien in Wahrheit nicht, was Euch noch verseſſen machen kann auf das undankbare Geſchäft, Jude zu ſein. Verſpricht Euch das Judenthum etwa noch eine brillantere Unſterblichkeit, als das Chriſtenthum? Es verſpricht Euch gar keine. Dieſes Dogma habt Ihr aus Babylon nach Jeruſalem mitgebracht.

Es hat Euch das Judenthum ein Kanaan, ein Land verſprochen, wo „Milch und Honig fließt," und hat Euch getäuſcht.

Es hat Euch auf Tag und Stunde die Weltherrſchaft verheißen, und Euch in eine Gefangenſchaft nach der andern ſchleppen laſſen.

Es gelobte Euch einen „Meſſias" und gab Euch Unterdrücker und „Reformjuden."

Noch einmal, was iſt es, daß Euch feſthalten läßt am Judenthum?

Einen Gott, wie er Euch geſchildert wird, kann höchſtens ein Barbar lieben. Er iſt der Gott der Furcht, der Rache. Auf Eure Geſchichte, Eure Vergangenheit habt Ihr keine Urſache ſtolz zu ſein. Auf Euern Urſprung noch viel weniger. Ihr habt keine klaſſiſche Vergangenheit, keine Helden, und Eure Gelehrten emancipirten ſich ſelbſt von Euch. Ihr habt nur Märtyrer, die nicht für eine Idee ſtarben, ſondern als Repreſſalien, welche Rachſucht und Blödſinn anderer Völker gegen Euch gebrauchten.

Wir ſind weit entfernt davon, Euch zum Uebertritt ins Chriſtenthum aufzufordern. Ihr habt aber „Rechte" verlangt und dieſe ſollen Euch werden, ſobald Ihr die Pflichten erfüllt. Ihr wollt Menſchenrechte und dabei Kinder Jehovahs par excellence bleiben. Ihr lieben Leute, das geht nicht.

Wollt Ihr wirklich in allen Stücken gleichberechtigte Bürger eines Staates ſein, ſo müßt Ihr Euch in allen Stücken mit dieſem Staate zu aſſimiliren lernen. Ihr dürft den Staat nicht als eine Actiengeſellſchaft auffaſſen, in dem

Ihr eine Zweig-Actiengesellschaft bildet, und dürft nicht wähnen, mit den paar Thaler Steuern, die Ihr zahlt, die Natur der Majorität der Staatsbürger Euch erkauft zu haben. Eure Hingabe an den Verband von Menschen, in welchem Ihr lebt, muß eine ganze, rückhaltlose, frei von jeder reservatio mentalis sein, nicht „facultativ," sondern „obligatorisch."*) Das andere findet sich von selbst. Wer ohne Cultus nicht leben kann, unter Euch, er mag sich privatim mit Gleichgesinnten vereinigen und Tempel bauen, so viel er Lust hat; wer dagegen sich begnügt, nur Staatsbürger sein zu wollen, wer in keiner formellen Beziehung zum Judenthum, bei dem die Form Alles ist, steht, wird uns willkommen sein. Der Unterschied zwischen Germanen und Orientalen ist noch zu groß in der Race, um den Ueberläufer ohne Sicherheit bei uns aufzunehmen. Erst wenn er die Brücke hinter sich abgebrochen hat und in optima forma übergeht, statt überläuft; ist das Zutrauen gerechtfertigt, schwindet die natürliche Abneigung, derer wir alle jetzt nicht Herr sein können, derer aber nur wenige den offenen Muth haben, auch nicht Herr werden zu wollen.

Das Judenthum muß aufhören, wenn das Menschenthum anfangen soll.

Es ist nach dieser Schrift nicht mehr möglich, Sympathien für das Judenthum zur Schau zu tragen, ohne der Heuchelei verdächtig zu sein. Wir machen uns gleichwohl auf die fanatischsten Angriffe gefaßt, da die deutsche Tagespresse zum großen Theil in den Händen von Juden ist. Aus diesen Angriffen werden wir wahrscheinlich neue Belege für die psychologische Wahrheit unserer Darstellung schöpfen können.

---

*) Der Opposition, welche Dr. Riesser gegen die obligatorische Civilehe in der hamburger Bürgerschaft machte, lag ein echt „jüdisches" Motiv zu Grunde! Ein Civilstandsheberegister? Bei Leibe nicht! Wo bliebe Israel? — —

Und darum zum Schluß die Fragen:
Wer soll emancipiren?! — Der christliche Staat"?
— Er emancipire sich erst selber!
Wer soll emancipirt werden? — Die Juden! —
Und wovon? — Vom Judenthum? — Es emancipire sich selber.

Ein „christlicher" Staat kann keinem Juden eine Staatsanstellung verleihen; ein nicht christlicher darf es nicht, weil er das, was er bei sich negirt, nicht bei den Juden anerkennen darf; — die Confession, und noch dazu eine Confession, welche geradezu die Vertilgung alles Nichtjüdischen befiehlt, in welcher das Bekenntniß identisch mit einer jüdischen Staatsverfassung und Polizeiordnung ist.

Wie aber das confessionelle Element des „christlichen" Staates die mittelalterliche Intoleranz zum Lebenselement des Staates machte, so macht das confessionelle Element das Judenthum zum Feinde jedes nichtjüdischen Staates. Es erhält die Juden exclusiv, erschwert ihr Aufgehen in die Allgemeinheit.

Läugnen die Juden das, was wir schonend ihre „Eigenthümlichkeiten" nennen, so mögen sie zusehen, ob und wie sie Gläubige finden unter uns. — Wollen sie diese Eigenthümlichkeiten conserviren, nicht Anstrengungen machen, in die Allgemeinheit aufzugehen, so ist unsere Stellung zu ihnen die einer reinen Abwägung des Nutzens oder Nachtheils, den sie uns bringen, wir betrachten sie als ein uns fremdes Volk und behandeln sie als Fremde, die wir „zulassen", dulden, aber nicht uns staatlich gleichberechtigt anerkennen können. Wir sind in diesem Fall Partei ihnen gegenüber.

Unserm Staat stellen wir die Forderung, sich zu emancipiren, unserm Volke stellen wir die Forderung, sich zu humanisiren; wir werden wahrlich dem „Judenthum" gegenüber nicht reservirter verfahren, als dem „Christenthum", die Orientalen nicht schonender behandeln als die Occidentalen, dem „auserwählten Volke Jehovahs" nicht größern Respekt bezeigen, als unserm eignen deutschen Volke.

Die Juden können uns also bürgerlich vollkommen gleichgestellt sein.

Wir resümiren daher den Inhalt dieser Schrift zu folgenden letzten Konsequenzen.

Die Juden wollen nicht allein bürgerlich, sondern auch politisch gleichberechtigt sein mit ihren Mitmenschen. Sie wollen namentlich Anrecht auf Staatsstellen in der Executive, den Gerichten und in der Verwaltung haben.

Wo stellen sie diese Forderung? In einem „christlichen" Staat haben sie als Juden keinen Anspruch darauf, so lange sie ihrerseits ihr religiöses Judenthum beibehalten, denn die Konsequenz jeder „Staatsreligion" anerkennt im Staate kein anderes religiöses Element als das ihrige. Folglich hat — allen Ernstes gesprochen — der s. g. „aufgeklärte" Jude, der sich aus seiner Religion so wenig macht, daß er jüdischer Indifferentist ist, keinen vernünftigen Grund, vor dem zurückzuschrecken, was ebenfalls eine bloße Formel für ihn sein muß, um sich in Besitz staatsbürgerlicher Gleichberechtigung zu setzen, nämlich „Christ" zu werden, wenn er in einem „christlichen" Staate gleichberechtigt sein will.

In einem Staate ohne Staatsreligion? Ein solcher kann und darf, wie überhaupt keine Confession, auch kein Judenthum anerkennen. — In einem Staat ohne Staatskirche haben daher die Juden — allen Ernstes gesprochen — ihren Tempel und ihren Gemeindeverband, so weit derselbe in den allgemeinen Staatsmechanismus hinübergreift, zu liquidiren und es dem Privatwege zu überlassen, ein etwaiges religiöses Band wiederherzustellen, welches mit dem Staat in keinerlei Verbindung zu bringen ist. Vor dem ist es Widersinn, von Emancipation zu reden.

Dieser Versuch ist entscheidend, ist die höchste Instanz, um zu erfahren, ob die Juden in ihrer Totalität, als das nicht „auserwählte Volk" sich mit dem abendländischen Volkselement assimiliren können. Ob ihre „Eigenthümlichkeiten", durch welche sie sich von jeher, wie Niemand läugnen kann, von allen Völkern unterschieden haben, ausgerottet werden können? Nach den Anschauungen, die wir z. B. in Nordamerika gemacht, verzweifeln wir nicht an der Möglichkeit einer solchen Assimilirung.

Daß aber die Juden in Folge erduldeter Verfolgungen geworden sind, wie sie sind, ist eine Lüge; sie wurden verfolgt, weil sie waren, wie sie sind. Im Mittelalter durch die rohe Gewalt, in der Gegenwart durch die objektive Kritik.

Mit einem Worte: der Jude soll Bürger sein, jedes Geschäft treiben, jeden Besitz erwerben können, Alles genießen, was das bürgerliche Leben ihm gewähren kann, aber wir bestreiten ihm das Recht der Berechtigung zu Staatsämtern, so lange er Jude ist. Und zwar

1) weil seine Confession der Ausdruck der Religion einer ganz bestimmten vorgeschriebenen und besondern Nationalität ist und alles andere, nur keinen kosmopolitischen Charakter an sich trägt;

2) weil die äußere Form, in welcher diese Confession auftritt, vollständig und entschieden das Gepräge einer apparten Nationalität an sich trägt;

3) weil die Gewohnheiten, das Wesen, die Sprache, die Reflexion, der Affekt, weil das ganze Ich des Juden nationell auftritt.

Wohlverstanden „nationell" in dem Sinne, wie das Judenthum, welches im Grunde genommen nie eine Nation gewesen ist, zu sein von jeher prätendirt hat.

Daher sagen wir: Wie wir von jedem Franzosen, von jedem Engländer, von jedem Italiener verlangen, daß er, will er in unserm Staate Staatsbürger in dem Sinne sein, daß ihm der Weg zu jedem Staatsamte offen steht, sich vollständig zu germanisiren habe, so auch der Jude.

Jeder Jude, der dies rückhaltlos, ehrlich und ernsthaft erstrebt, ist unser Freund.

Die Auflösung seines social-kirchlich-nationalen Gemeindeverbandes ist der erste Schritt zur Gleichstellung der Juden.

Wer sich aber nicht befreien will von seinem jüdischen Nationalverband — denn ein solcher ist das jüdische Gemeindewesen — dem gönnen wir volle Gewissensfreiheit, volle bürgerliche Rechte, aber — keine staatsbürgerlichen Rechte, welche zu Staatsämtern berechtigen. Es wäre ein Mißgriff unter allen Umständen.

So gut die deutschen Elsasser in Frankreich Franzosen sind, so gut müssen die Juden in Deutschland Deutsche sein.

Wer in Nordamerika das Staatsbürgerrecht erlangen will, hat vorgängig seiner Zulassung einen Eid zu leisten, in welchem er seine bisherigen staatlichen Autoritäten desavouirt.

Das ist konsequent und ehrlich. Der Jude darf dort nicht Jude sein, der Franzose nicht Franzose, der Britte nicht Britte. Er muß aufgehen in die Allgemeinheit.

So lange der Jude in seiner Mehrheit den beschränkten Standpunkt eines Zigeunerthums einnimmt, ist er nicht fähig zu staatlicher Gleichberechtigung.